과학으로
풀 어 낸
흥미로운

한글

이야기

과학으로 풀어 낸 흥미로운
한글 이야기

펴 낸 날   2018년 08월 31일

지 은 이   진대영
펴 낸 이   최지숙
편집주간   이기성
편집팀장   이윤숙
기획편집   정은지, 이민선, 최유윤
표지디자인 정은지
책임마케팅 임용섭
펴 낸 곳   도서출판 생각나눔
출판등록   제 2008-000008호
주   소   서울 마포구 동교로 18길 41, 한경빌딩 2층
전   화   02-325-5100
팩   스   02-325-5101
홈페이지   www.생각나눔.kr
이 메 일   bookmain@think-book.com

• 책값은 표지 뒷면에 표기되어 있습니다.
  ISBN 978-89-6489-890-1 03700

• 이 도서의 국립중앙도서관 출판 시 도서목록(CIP)은 서지정보유통지원시스템 홈페이지(http://
  seoji.nl.go.kr)와 국가자료공동목록시스템(http://ww w.nl.go.kr/kolisnet)에서 이용하실 수 있습
  니다.(CIP제어번호: CIP 2018026576).

과학으로
풀 어 낸
흥미로운

한글 이야기

한 글 넘 어 생 각 넘 어

진대영 지음

생각나눔

제1장
한글

과학으로
풀어낸
흥미로운
한글 이야기

제2장
곰곰이 생각해 보기

과학으로
풀어낸
흥미로운
한글 이야기

제1장
한 글

한글 자음의
물리학적 접근?
(ㄹ)

'ㄹ'은 길을 본떠 만든 기호인 것 같습니다. 물이 흘러가는 길뿐만 아니라, 사람이 생명이 살아가는 길, 그 길을 본떠 만든 기호가 바로 'ㄹ'인 것 같습니다.

길은 움직임(動)입니다. 움직임이 쌓이고 쌓여 축적된 생의 역사가 바로 길이라는 것입니다. 태고부터 이어진 생동(生動)의 강력한 표현형, 그 유전(遺傳)적 길을 따라 저도 지금 서 있는 것이 아닌가 하고 생각해 봅니다.

길은 기본적으로 구불구불합니다. 시골 풍경화를 그릴 때 도화지의 좌측 하단에서 우측 상단으로 이어진 작은 마을을 따라 난 길이 아우토반 같으면 이건 너무 운치가 없습니다. 알파벳으로 치면 s자 모양처럼 그런대로 부드럽게 구불구불하면서 원근법이 적용되어야 한 폭의 그림 같은 느낌이 나는 것 같습니다. ㄹ도 좀 갈겨 쓰면 s를 뒤집어놓은 모양과 거의 똑같습니다.

그런데 이런 느낌은 꼭 동양적이라 그런 것만은 아닌 것 같고요. 원래가 길은 그런 모양으로 날 수밖에 없기 때문인 것 같습니다. 지구의 땅이란 것이 평평한 게 아니라 매우 울룩불룩하게 생겼기 때문에, 길도 당연히 구불구불하게 날 수밖에 없다는 것입니다. 아파트나 빌딩들을 보면 아시겠지만, 엘리베이터가 없다면 빙빙 돌아서 올라가야 하고, 스키장에서 내려올 때도 s 자나 'ㄹ'자처럼 구불구불 내려와야 그런대로 안전합니다.

평평한 땅에서도 'ㄹ'같은 유전적 경향이 매우 강하게 나타나기도 합니다. 메시나 박지성 선수가 단독 드리블로 수십m를 달려 골을 넣을 때 보통은 식선으로 공을 몰고 가는 것이 아니라, ㄹ 자처럼 지그재그로 몰고 가 골을 넣는다는 것을 알 수 있습니다. 물론, 상대 수비수라고 하는 저항값들을 제치기 위해 자연스럽게 일어나는 움직임 현상입니다. 또한, 지렁이가 기어가는 모습이나 은빛 갈치가 헤엄치는 모습에서도 이와 같은 현상들을 목격할 수 있으며, 치타의 어린 사슴 추격전에서도 매우 박진감 넘치게 목격할 수 있습니다.

그리고 보면, 'ㄹ'자 형태의 움직임은 저항값에 의한 움직임이라고 생각해 볼 수 있을 것 같습니다. 따라서 태어난 이상, 생동(生動)은 모든 저항과의 싸움이며, 그 싸움의 연속성 상에서 자연스럽게 그려지는 것이 바로 길의 모양 ㄹ 자가 아닌가 하고 곰곰이 생각해 봅니다.

모든 물질은 수많은 힘들의 벡터 작용에 의해 끊임없이 떨고 있는 것이 아닌가 하는 생각을 해 봅니다. 태양 빛이 지구로 날아와 활엽상록수의 잎사귀에 파고들 때까지 무수히 떨고 흔들리며 날아왔을 것입니다. 또한, 전자현미경 같은 것으로 미시 세계를 관찰하면 무수한 입자들이 부들부들 떨고 있다는 것을 확인할 수도 있을 것입니다. 사진 찍을 때 삼각 받침대를 이용하는 것도 떨림 현상을 도저히 떨쳐버릴 수 없기 때문입니다. 물론, 이와 같은 떨림 현상도 'ㄹ'처럼 지그재그 모양으로 떤다고 말씀드릴 수 있을 것입니다.

한글 자음 중에 유성음, 즉 울림소리라고 하는 것이 있는데, 'ㄴ, ㅁ, ㄹ, ㅇ'이라고 합니다(물론 근본적으론 모든 소리는 다 울리는 것이라고 말씀드릴 수 있습니다). 그런데 'ㄴ, ㅁ, ㅇ'은 주로 비강에서 울리는 소리인 데 비해, 'ㄹ'은 성대 아랫부분에서 울리는 소리입니다. 즉, 앞은 비강의 공명에 의한 효과로 주로 울리는 소리이고, 'ㄹ'은 성대가 직접 떨면서 내는 소리라는 것입니다. 이 성대의 움직임도 기본적으로 ㄹ 모양으로 움직인다고 말씀드릴 수 있을 것입니다. 강아지가 으르렁거릴 때 강아지의 목에 손을 가만 대어보면 성대가 ㄹ처럼 떨고 있다는 것을 느낄 수도 있을 것입니다.

'ㄹ' 소리는 혀끝을 입 안쪽으로 말아 연구개 쪽 입천장을 살짝 차듯 해야 만들어낼 수 있습니다. 눈에 잘 보이지는 않지만, 혀를 다소 ㄹ 모양처럼 말아 ㄹ 모양처럼 공기를 차내야 ㄹ 소리를 낼 수 있다는 것입니다. 「한글 자음의 물리학적 접근?-3」에서도 살짝 말씀드린 바 있습니다만, 깃발이 바람에 펄럭일 때 그 소리를 가만 들어보면 ㄹ과 비슷한 소리가 난다는 것을 알 수 있는데, 이 역시도 깃발이 'ㄹ' 모양으로 펄럭이기 때문일 것입니다.

따라서 'ㄹ'은 움직임의 성질을 나타내는 자음이라고 생각해 볼 수 있으며, 보다 더 근본적으로 말씀드리면, ㄹ은 모든 물체 또는 모든 에너지의 움직임을 본떠 만든 기호라고 말씀드릴 수 있을 것입니다.

한글 자음의
물리학적 접근?
(ㄴ과 ㄱ)

'ㄴ' 소리는 누구나 '참 부드러운 소리다.'라고 생각하실 것입니다. 아마도 은은한 소리라서 그렇게 느끼지 않을까 하고 생각해 봅니다. 눈 쌓인 고요한 새벽 은은하게 들려오는 교회 종소리, 바로 그 소리에서 'ㄴ'을 듣고 계신지도 모르기 때문입니다.

'ㄱ'을 180도 회전시키면 'ㄴ'이 됩니다. 딱딱하고 단단한 소리가 부드럽고 은은한 소리로 바뀌는 것입니다.

'ㄱ'은 딱딱합니다. 마치 악바리 같은 소리라고 말씀드릴 수도 있을 것 같습니다. 'ㄱ'은 길쭉한 혀 중에서도 저 안쪽에 있는 두꺼운 혓살이 성대 바로 윗분분의 목구멍을 꽉 틀어막으면서 만들어지는 소리입니다. 검지(손가락)를 입안에 적당히 깊이 있게 집어넣은 상태로 "악!" 하고 소리쳐 보세요. 그러면 손가락의 끝부분이 혀뿌리와 목구멍 천정에 의해 꽉 물린다는 것을 알 수 있을 것입니다. 반면, 혀의 앞부분은 손가락을 전혀 건드리지 않는다는 사실 또한 알 수 있을 것입니다.

굳이 엑스레이 같은 것으로 찍지 않아도 혀의 움직임을 손가락 하나로 또렷하게 관찰할 수도 있다는 것입니다. 말 나온 김에 하나 더 예를 들면, 손가락을 살짝 집어넣고 '너'와 '러'를 소리 내어 보세요. 어떤가요? 감이 오시나요…? 네, 그렇습니다. '너'라고 할 땐 혀의 앞부분이 손가락을 살짝 건드리고 갑니다. 그런데 '러'라고 할 땐 손가락이 혀에 닿지 않습니다. 혀가 뒤로 말리기 때문입니다. 자, 이 정도면 소리에 따른 혀의 움직임이 잘 관찰되시지요? (학습용으로도 이용 가능함.)

다시 본론으로 들어가겠습니다.

'ㄱ'은 단단한 소리입니다. 악바리 같은 소리니까요. 'ㄱ'은 두꺼운 혀뿌리가 목구멍을 꽉 틀어막을 때 만들어지는 소리라고 했는데, 쉽게 얘기해서 그냥 목을 확 졸라보세요. 그러면 자동으로 '악! 윽! 욱!'과 같은 소리가 날 수밖에 없다는 것을 알 수 있을 것입니다.

이유가 있겠지요. 왜 목을 순간적으로 꽉 틀어막으면 짧고 굵고 단단한 'ㄱ' 소리가 만들어지는지, 아마 그 이유가 있을 것입니다.

목을 또는 목구멍을 꽉 틀어막는다는 것은 날숨이 밖으로 빠져나오지 못하도록 순간적으로 호흡을 차단 또는 정지시킨다는 것입니다. 너무너무 놀라운 광경을 보거나 무시무시한 장면을 봤을 때 마치 '숨이 멎을 것 같다'라고 표현하지 않습니까? 이것은 아주 강한 충격에 의해 일시적 또는 순간적으로 호흡이 정지다는 의미로 넓혀 말씀드려도 될 것입니다. 총알이나 화살을 맞았을 때 그 충격에 의해 "윽!" 소리를 내며 쓰러지는 병사들을 영화나 드라마에서 많이 보셨을 것입니다. 물론, 학창시절 주먹으로 옆구리 한 대 맞아본 경험이 있으신 분이라면 보다 선명하게 "윽!" 소리를 느낄 수 있을 겁니다.

자꾸 윽 윽 하니까 진짜 글이 너무 딱딱해지는 것 같습니다. 글이 너무 딱딱하면 듣기도 좀 거북스러운데 정말 죄송합니다. 조금만 더 하고, 부드럽고 은은한 'ㄴ' 소리로 넘어가겠습니다.

강한 충격을 받으면 왜 호흡이 일시적으로 멈추는지는 잘 모르겠습니다만, 생체학적으로 그럴만한 이유가 분명히 있을 것으로 생각합니다. 혹 생물학 선생님 계시면 설명 좀 해주신다면 너무너무 고맙겠습니다.

삼각형에서 높이는 수직 거리입니다. 혀뿌리가 목구멍을 가장 빨리 막을 수 있는 방법도 바로 수직으로 틀어막는 것일 겁니다. 방패로 화살을 막을 때도 되도록 날아오는 화살의 각도에 수직으로 세워야 더욱 효과적으로 막을 수 있는 이치와 같습니다.

수직은 두 선(면)의 기울기가 90도인 것을 말합니다. 위에서 손가락을 깊게 넣어보셨지요. 그때 혀가 직각으로 굽혀진다는 것을 눈치채신 분이라면, 혀뿌리가 날숨을 최대한 빨리 막으려면 가장 짧은 거리, 즉 수직으로 목구멍을 막아야 한다는 사실을 충분히 인정할 수 있다고 생각합니다. 그렇게 해서 생긴 것이 바로 수직 직각처럼 생긴 기호 'ㄱ'이라는 것입니다.

딱딱한 소리 들으시느라 애쓰셨습니다. 이제부터 'ㄴ' 소리로 넘어가겠습니다.

180도 돌리면 됩니다. 혀의 뒷부분과 앞부분은 서로 반대에 있지만 일직선상입니다. 즉, 마주 보는 180도라는 것입니다. 가장 딱딱하고 단단한 혀뿌리소리 'ㄱ'과 가장 연하고 부드러운 혀끝소리 'ㄴ'이 서로 정반대임과 더불어 서로 마주 보고 나는 소리라는 것입니다.

고요한 밤 은은하게 들려오는 교회의 종소리 또는 침묵을 참 귀엽게도 질투하는 아기 붕어 같은 풍경 소리. 혹 이런 소리 듣기 싫은 사람이 있는지도 모르겠습니다만, 보통은 좋아할 것이라고 믿습니다. 아니, 믿고 싶습니다. 그래야만 제 나름대로 'ㄱ'과 'ㄴ' 소리의 조화로운 보편성을 획득할 수 있기 때문입니다. 여러분! 많이 도와주세요.

종은 쇠를 녹여 거푸집 같은 것에 넣어 굳힌 것입니다. 쇠는 원래 단단한 것입니다. 하지만 녹으면 물처럼 흐물흐물 여해집니다. 그런데요, 이것이 보다 세련되게 다시 굳으면 처음보다 더 단단한 쇠가 됩니다. 다시 말해, 뜨거운 맛도 좀 보고, 쇠망치질도 좀 당해보고, 찬물에 들어갔다 나왔다 숨도 좀 헐떡거려보고, 그러고 나면 더 단단한 모습으로 새롭게 탄생하기도 한다는 것입니다.

단단했다가, 녹아서 연해졌다가, 다시 또 단단해졌다가 하는 일련의 과정들이 바로 'ㄱ' 소리와 'ㄴ' 소리를 공존하도록 만든 것인지도 모르겠습니다. 무림 초절정 고수들의 전설적인 검(劍)들은 이와 같은 과정들이 수없이 반복되어 만들어진 것입니다. 그래서 그들의 칼이 부딪치는 순간 빛과 함께 강렬한 소리가 나면서, 잠깐의 정적(靜寂)이 흐르는 가운데 매우 아름답고 은은한 소리가 울려 나오는 것이 아닐까 하고 생각해 봅니다.

고급스러운 와인잔 두 개를 서로 살짝 부딪쳐 보세요. 그리고 그 소리를 가만 들어보세요. 그러면 어떤 소리를 들을 수 있나요…? 'ㄱ'은 좀 모르겠습니다만, 아마 'ㄴ'은 감 잡기가 그리 쉽지는 않을 것입니다. 왜냐면 'ㄴ'은 매우 은은하게 들리는 소리이기 때문입니다. 그러나 불 다 끄고, 잡다한 소리도 다 끄고, 아주아주 고요한 상태에서 눈을 감고 와인잔이 부딪치는 소리를 다시 한번 들어보세요.

그러면 부딪치는 순간의 'ㄱ'으로부터 떨어져나오는 소리가 바로 'ㄴ'이라는 사실을 충분히 느낄 수도 있을 것입니다. 다시 말씀드려, 'ㄴ' 소리는 불(열)에 의해 더 단단해진 또는 더욱 세련되어

진 등등의 사물이 수직으로 부딪칠 때, 그 순간으로부터 떨어져
나오며 은은하게 울려오는 소리가 바로 'ㄴ' 소리라는 것입니다.

한글 자음의
물리학적 접근?
(ㄷ)

혀 짧은소리를 할 때 'ㄴ'이나 'ㄹ', 'ㅈ' 등의 소리가 'ㄷ'이나 'ㄸ' 소리로 난다는 것을 알 수 있을 것입니다. 예를 들어, '짜증 나'가 '따중 나' 또는 '사랑해'가 '사당해' 또는 '할아버지'가 '하다버지'와 같이 소리 난다는 것을 알 수 있습니다. 이것은 Tongue tie(설소대 단축증)라고 해서 혀의 아랫면과 입의 바닥(구강저)을 연결하는 막인 설소대가 비정상적으로 길어서 혀 앞부분의 운동을 제한하기 때문이라고 합니다.

여기서 다짜고짜 말씀드리겠습니다. '다다다다다…' 하고 빠르게 소리를 내어 보세요. 그러다가 잠깐 멈추세요. 그러고 나서 다시 '다다다다다…' 하고 소리를 내시는데, 이번엔 천천히 내어 보세요. '다' 소리를 내기 위한 혀의 특징을 하나 발견할 수 있을 것입니다. 그것은 혀 앞쪽에서부터 안쪽으로 약 1cm가량의 혀가 입천장에 전혀 닿지 않는다는 것입니다.

이번엔 '나나나나나…' 하고 소리 내어 보세요. 그러면 닿지 않던 그 1cm가량의 혀에 의해 '나' 소리가 만들어진다는 것을 알 수 있을 것입니다. 따라서 이것은 'ㄴ'과 'ㄷ' 소리가 혀끝 1cm 정도의 위치에서 경계선을 두고 만들어진다는 것을 말해주는 것입니다. 다시 말해, 그 경계선을 기준으로 해서, 앞쪽 1cm가량의 혀가 입천장에 살짝 붙었다 떨어지면 'ㄴ' 소리가 나고, 나머지 안쪽의 넓은 면의 혀가 입천장에 딱 달라붙었다가 떨어지면 'ㄷ' 소리가 난다는 것입니다.

혀와 입천장이 딱 달라붙은 경계선을 쭉 그어보면, 그것이 곧 자음 'ㄷ'의 모양이 됩니다. '메~롱'의 혀 모양에서 앞부분을 살짝 잘라내면 'ㄷ' 모양의 혀가 된다는 것을 알 수 있는 것처럼 말입니다. 위에서 말씀드린 바와 같이, 혀 짧은소리에 'ㄷ' 소리가 유난히 많이 발생하는 이유도, 바로 혀의 앞부분이 제대로 움직이지 못해, 혀 앞부분을 이용하는 'ㄴ'이나 'ㄹ'의 소리를 'ㄷ' 소리로 대체하여 내기 때문입니다.

손뼉을 치면 'ㄸ' 소리가 난다는 것을 알 수 있을 것입니다. 또는 운동화 밑창이 떨어져 덜렁거릴 때 'ㄷ' 소리가 난다는 것을 알 수 있으며, 장구 가락의 덩디끙 덩덕 소리에 맞춰 더덩실 덩실 춤을 출 때도 'ㄷ' 소리가 들린다는 것을 느낄 수 있을 것입니다.

이처럼 'ㄷ' 소리는 넓고 좁은 '면'을 물체가 부딪치거나 달라붙었다 떨어지면서 만들어지는 소리입니다.

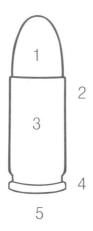

달리기 시합 할 때 보통은 '준비~ 땅!' 하는 소리에 맞춰 출발합니다. 물론, 땅 위에서 달리기를 하니까 '땅!'이라는 신호에 맞춰 하는 것인지도 모르겠습니다만, 또한 총소리가 '땅땅' 하고 들리는 측면이 있기 때문이기도 할 것입니다.

방아쇠를 당기면 공이가 뇌관(5)을 때립니다. 그 뇌관에 의해 탄피 안에 있는 화약(3)이 터지면서 탄약 바닥(4)을 세게 찹니다. 그 반발력으로 인해 탄두(1)가 떨어지면서 엄청난 속도로 총구를 빠져나갑니다. 이때 'ㄸ'에 'ㅇ' 소리가 결합하여 '땅!'과 비슷한 소리가 나는 것입니다.

탄두가 떨어져 나간 탄피의 모습도 'ㄷ' 모양을 하고 있다는 것을 알 수 있는데, 총알의 모양이 이렇게 생겨야만 '땅!' 소리와 함께 엄청난 물리력으로 날아갈 수 있는 것이 아닌가 하고도 곰곰 생각해 봅니다. 그래서 따발총 소리도 '따다다다다…' 하고 나는 건가요?

한글 자음의
물리학적 접근?
(ㄹ)

'꼬르륵' 소리 있잖아요. 배고플 때 맛있는 음식을 보거나 냄새를 맡으면 저절로 나는 소리요. 근데 이 '꼬르륵' 소리는 생리 현상이라고 합니다. 공복 상태에서 맛있는 음식을 보면 마치 그 음식을 먹고 있는 것처럼 뇌가 판단하여 위와 장을 움직이게 한다고 합니다. 그 움직임을 통해 빈 위에 남아있던 공기가 소장으로 밀려나고, 그렇게 밀려난 공기가 또한 소장에 남아있던 물을 밀어냄으로써 '꼬르륵' 하고 소리가 나는 것이라고 합니다. 저는 이 소리가 마치 자음 'ㄹ'이 굴러가는 듯한 소리처럼 느껴지는데, 여러분은 어떠신가요?

'ㄹ'은 물소리입니다. 물이 흐르고 구르고 부닥치면서 만들어내는 소리가 바로 'ㄹ' 소리입니다. 물은 위에서 아래로 흐릅니다.

그리고 직선으로 흐르지 않습니다. 굽이굽이 굴곡진 길을 따라 울며불며 흐르는 것이 물의 생입니다. 그 생에서 태어나는 소리가 바로 'ㄹ' 소리입니다.

하늘에서 비가 내리고, 빗물이 만나 골짜기를 이루고, 골짜기를 따라 흘러 개울이 되고, 개울이 만나 냇물을 이루고, 냇물이 강을 이뤄 바다에 다다를 때까지 물은 흐르고 구르고 부닥치면서 끊임없이 'ㄹ' 소리를 만들어내는 것입니다.

물은 꺾인 곳에서 더 잘 웁니다. 많은 물이 한꺼번에 'ㄹ' 소리를 만들어내기 때문입니다. 강보다 계곡에서 물소리가 더 리얼하게 들리는 이유도, 골짜기가 꺾인 곳을 훨씬 더 많이 가지고 있기 때문입니다. 가글할 때, 즉 고개를 들고 물이나 양치액으로 입안을 헹굴 때 목구멍의 꺾여진 부분에서 물소리가 더 잘 난다는 것을 알 수 있을 것입니다. 또한, 물을 꿀꺽 삼킬 때 바로 목구멍의 꺾인 부분에서 'ㄹ' 소리가 잘 난다는 것을 알 수 있으며, 또한 좌변기의 물을 내릴 때, 많은 양의 물이 한꺼번에 작은 구멍을 빠져나가려고 하다 보니 상당히 시끄러울 정도로 물소리가 난다는 것을 알 수 있습니다. 그때도 역시 가장 시끄럽게 다투는 소리가 바로 'ㄹ' 소리입니다.

된장찌개나 김치찌개가 지글지글 끓을 때도 'ㄹ' 소리가 잘 들린다는 것을 알 수 있을 것입니다. 그런데 깃발이 펄러일 때도 가만 잘 들어보면 'ㄹ'과 비슷한 소리가 들린다는 것을 알 수 있습니다. 'ㄹ'은 물이 부딪치면서 내는 소리라고 했는데, 이상하게 깃발이 바람에 펄럭일 때도 그와 비슷한 소리가 들립니다. 아마도 그것은 깃발이 바람에 의해 'ㄹ' 모양으로 펄럭거리기 때문이 아닐까 하고 생각해 봅니다. ('ㄹ' 모양으로 움직이면 'ㄹ' 소리가 난다?)

'꼬르륵' 소리를 다시 한 번 관찰해 보겠습니다. '꼬르륵' 소리는 마치 음식물을 먹고 있는 것처럼 생각하여 내부의 공기가 소장에 남아있는 물을 밀어냄으로써 나는 소리라고 했습니다. 그러면 여기서 음식물이 지나가는 길을 생각해 볼 수 있을 것입니다. 입으로 들어간 음식물은 목구멍의 꺾인 부분을 지나 식도를 타고 내려가 위를 거쳐 소장과 대장을 통해 밖으로 배출됩니다. 음식물의 소화 과정에 대해서는 인터넷을 통해 금방 알 수 있으므로 따로 이야기하지는 않겠습니다.

음식물이 지나가는 길은 자연에서의 물이 지나가는 길과 매우 비슷합니다. 다시 말해, 굽어지고 꺾인 굴곡의 길을 따라 지나간다는 것입니다. 물론, 그것은 소화를 매우 유리하게 하기 위해 진화된 생체학의 길이라고 말할 수도 있을 것입니다. 목구멍의 꺾여진 부분이 있어야만 너무 많은 양의 음식물이 한꺼번에 식도로 넘어가는 것을 막아줄 수 있을 것입니다. 그리고 소장이 길고 구불구불하게 이어져 있어야 소화하는 시간이 길어져 음식물의 양분을 충분히 빨아들일 수 있을 것입니다. 청진기까지도 필요 없이 그냥 귀를 배에다 갖다 대고 가만 들어보십시오. 배 속에 골짜기도 있고, 도랑도 있고, 냇가도 있는 것처럼 물이 졸졸 흐르는 것 같기도 하고, 때론 요동치며 흘러가는 것처럼 들리기도 할 것입니다.

　이처럼 물은 직선으로 흐르는 것이 아니라, 구불구불 굴곡진 길을 따라 'ㄹ' 모양으로 'ㄹ' 소리를 내며 흘러갑니다. 그리고 꺾인 곳에서 더욱 우렁차게 'ㄹ' 소리를 내며 흘러 흘러갑니다.

　(참고로, 'ㄹ'은 'ㄱ'과 'ㄴ'의 중간 부분의 입천장에 혀끝을 살짝 말아올려 붙이면서 만들어지는 소리입니다.)

한글 자음의
물리학적 접근?
(ㅁ)

'ㅁ' 소리를 찾습니다. 누구 보신 분 계신가요? 부탁이에요. 제게 'ㅁ'을 찾아주세요. 너무 모호하고 애매해서 좀처럼 보이질 않아요. 자존심이 아주아주 센 놈인가 봐요. 그래서 이놈의 소리를 잘 들을 수도 없어요. 저는 녀석과 친해지고 싶은데, 녀석은 혼자 있는 게 좋은가 봐요. 어디서 묵언수행이라도 하는 모양인데요, 혹 길 가다가 보신 분 계시면 제게 연락 좀 주세요. 부탁드립니다.

아주 오래전에 딱 한 번 만난 적이 있어요. 생김새는 입술처럼 네모나게 생겼는데, 목소리는 참 부드러웠던 것 같아요. 그때 무슨 말을 주고받았는지 잘 기억나진 않지만, 그냥 생각나는 대로 말씀드릴게요.

아이가 옹알거리는 소리를 내면서 도톰한 입술을 살며시 떼면, 바로 그때 자기를 볼 수 있다고 했어요. 이것만큼은 분명하게 생각이 나요. 다시 말씀드려 '음~'과 같은 옹알이 소리를 속으로 내면서 동시에 입술을 서서히 떼면 자연스럽게 '마'와 같은 소리가 난다고 했거든요.

근데 정말 그런 것 같더라고요. 캄캄한 방에서 손가락으로 양쪽 귓구멍을 꼭꼭 막고 그렇게 해 보았는데, 입이 벌어지면서 진짜 '마' 소리가 나더라고요. 그래서 아기들이 말을 배울 때 '음마 옴마'와 같은 소리를 내는 것인지도 모르겠어요. '맘마, 마미, 맘, 마더+r'나 '엄마, 어미, 엄니, 어무이, 어머니'나 다 비슷비슷하잖아요? 따라서 어느 나라 아이나 첨엔 비슷비슷한 소리로 말을 시작하는 것이 아닌가 하고 생각해 봐요.

'음마 옴마'라고 하니까, 불교에 '옴마니반메훔(唵麽抳鉢訥銘吽)'이라는 말이 생각나는데, 무슨 말인지 잘 모르지만, 그냥 한자를 풀어보면, '입에 머금다'라는 의미의 암(唵)과 '작고, 가늘고, 그윽하다'라는 뜻의 마(麽)와 '가리키다. 그치다, 갈다'라는 뜻의 니(抳)와 '바리때, 즉 공양 그릇'이라는 뜻의 발(鉢)과 '말 더듬다 또는 말을 많이 하지 않다'라는 뜻의 눌(訥)과 '새길' 명(銘), 그리고 '짖다, 소리 지르다, 또는 진언(眞言), 비밀스러운 어구'라는 의미를 가진 훔(吽) 사로 이루어진 말이라는 것을 알 수 있어요.

암튼 저도 뭐가 뭔 소린지는 잘 모르겠는데요, 말이든 음식이

든 입에 좀 더 오래 머금고 있는 것이 좋고, 작고 가늘고 그윽하게 사는 것이 좋고, 밥그릇은 작은 것이 좋고, 누군가를 가리키기 전에 자신을 먼저 갈고닦는 것이 좋고, 말은 적게 할수록 좋다. 그리고 이런 것들을 늘 마음에 깊이 새기며 살아라! 이것이 내가 진짜 하고자 하는 말(言)이다. 뭐 이런 정도로 대충 말씀드릴 수는 있을 것 같아요. 그런데요, 이상하게 일반 세계에선 이런 깊은 말을 찾기가 쉽지 않은 것 같아요. '말'은 참 비밀스럽기도 하고, 그래서 깨닫기도 참 어려운 것 같아요.

'ㅁ'을 찾다가 말이 좀 샜네요. 죄송해요.

어떤 물리학자들은 'ㅁ'을 우주에서 찾기도 하는 것 같아요. '막 이론' 또는 'M 이론'이라고 하는데, '끈 이론'을 포괄하는 이론이라고 해요. 이것도 뭐 말인지 잘 모르는데요, 여기서 'M' 대신에 'ㅁ'을 쓰면, 'ㅁ 이론'이라고 할 수도 있을 것 같아서요.

위아래의 도톰한 입술이 살며시 떨어지거나 붙으면서 만들어지는 소리가 'ㅁ' 소리라고 했잖아요. 좀 더 정확하게 말씀드리면, 입술의 얇은 막이 서서히 떨어지거나 붙으면서 나는 소리이죠. 만일 우주가 도톰하고 말랑말랑한 물질로 이루어져 있고, 그것을 아주 얇은 막으로 감싸고 있다면 우주들끼리 만나고 헤어질 때 진짜 'ㅁ' 소리가 날지도 모르죠. 그래서 태초에 '말씀'이 계셨다고 하는지도 모르고요. 어쩌면 물리나 종교나 철학이나 말이나 깊이 들어가면 들어갈수록, 결국 하나의 지점에서 만나는 것인지도 모르겠어요. (신은 정말 위대하신 것 같아요.)

형용사를 '그림씨' 또는 '어떻씨'라고 하고, 동사를 '움직씨'라고 하는데, 이 둘은 용언, 즉 문장의 주체를 서술해 주는 역할을 한다고 해요. 주체의 상태가 어떤가? 또는 뭘 하고 있는가? 라는 말이겠지요. 그런데 이 그림씨와 움직씨에 'ㅁ'만 붙으면 곧바로 명사가 되잖아요. 다 그런지는 모르겠지만, 암튼 많은 말들이 그렇잖아요. 영어도 뒷부분만 조금 바꾸면 그렇게 되고요, 예를 들어 '아름다운'이 '아름다움'이 되고, '꾸다'가 '꿈'이 되는 것처럼 말이에요.

그런데요, 이게 좀 생각해 볼 게 있는 것 같더라고요. '꽃은 아름답다'고 하면, 꽃이 왜 아름다운지 꽃을 중심으로 이것저것 따져보면 그럴 만한 이유를 어느 정도 찾을 수 있잖아요. 그런데 '아름다움이란 무엇인가?'라고 하면, 좀 난감해지지요. 무엇이 아름다운 것인지 딱 잘라서 정의를 내릴 수 없으니까요. 사람마다 '무엇'이라고 하는 게 다 다르잖아요. 그러니까 그림씨인 '아름다운'은 '한정'된 것이지만, 추상적 이름씨(추상명사)인 '아름다움'은 '무한정'이 되어 버린다는 거예요.

이처럼 사랑(愛)이나 미(美) 추(醜) 또는 선(善) 악(惡)이나 꿈과 같은 추상명사들은 결코 하나의 의미로 딱 결정되지 못해요. 이것은 거꾸로 말하면 모든 것이 그들의 의미가 될 수도 있다는 것을 말해주는 것이기도 하죠. 시(詩)를 무수(無數)히 쓸 수 있는 이유도 바로 하나의 정의로 시를 말할 수 없기 때문이며, 동시에 모든 언어로 시를 말할 수 있기 때문입니다. 어쩌면 이것이 창조의 근본 바탕이 되는 원리인지도 모르고요.

무수한 의미(말)가 만들어질 수 있도록 도와주는 역할을 하는 것, 이것이 바로 아이가 맨 처음 말을 시작하려고 할 때 옹알거리며 만들어내는 'ㅁ' 소리인지도 모른다는 것입니다.

사전에 올려진 의미들은 어느 정도의 시간 안에 좀 더 보편적이라고 생각되는 내용을 정리해서 올려놓은 것이지, 반드시 그런 것은 아닙니다. 시대에 따라서 또는 환경에 따라서 얼마든지 달라질 수 있는 내용입니다. 이것은 언어가 진화하기도 하고, 소멸하기도 하는 이유가 되기도 하지요.

진보라고 하는 관념과 보수라고 하는 관념의 차이를, 사전 속에 박힌 말 또는 머리 속에 있는 말들을 어떻게 인식하고 어떻게 판단하여 어떤 식으로 표현하느냐 하는, 언어적 시각의 차이로 접근해 볼 수도 있을 것 같아요. 진보라고 말하지만 그 속성은 보수보다 더 보수일 수도 있고, 보수라고 말하지만 그 속성은 진보적일 수도 있을 거예요. 대상(의미)을 바라보는 심리적 또는 언어적 경향이 지독한 환경에 가려져 겉모습만 나타나고 있는지도 모르지요.

그래서 'ㅁ'은 인간의 비밀을 만들어 내는 소리이기도 해요. 우주가 하나의 거대한 비밀인 것처럼, 아이가 말(언어)을 시작하는 순간부터 하나씩 하나씩 비밀을 만들어갑니다. 다른 사람들이 잘 눈치채지 못하도록 자기만의 언어를 만들어가는 것이지요. 그 언어들이 더욱 합리적으로 체계화될 수 있도록 어른들의 말씀이 먼저 합리적이어야 한다고 생각해요. 말은 말을 낳는다고도 하잖아요.

'음마'를 반복하면 '음마음마음마음마…'가 되는데, 잘 보면, 그 속에 '마음'이란 말도 들어 있더라고요. 아이가 '음마 음마' 하고 말을 배우면서 동시에 '마음'이란 것도 함께 만들어가는 것인지도 모릅니다.

일반 자연계에서 'ㅁ' 소리를 거의 들어보지 못한 것 같아요. 아기들의 옹알거리는 입술에서 만들어지는 'ㅁ' 소리 빼고요. 그렇다 보니 저의 글이 이렇게 엉뚱한 곳으로 흘러버리네요.

물과 물이 살며시 떨어지면 'ㅁ' 소리가 날 것 같기도 하고, 또는 입맞춤을 하다가 살며시 떼면 'ㅁ' 소리가 날 것 같기도 한데, 저는 좀처럼 들을 수가 없더라고요. 그래서 혹시나 여러분들 중에서 'ㅁ' 소릴 듣거나 보신 분이 계신다면 제게 꼭 연락을 주십사 부탁드리는 거예요. 말이 자꾸만 엉뚱한 곳으로 새지 않도록 말이에요.

'아래 아(·)'

구지 선생님과의
'아래 아'에 대한 대화

구지 ✕ 📎

2010/02/27 15:17 | EDIT | REPLY

http://www.ohmynews.com/nws_web/view/at_pg.aspx?CNTN_
CD=A0001327818

－링크 내용

몇 해 전 일이다. 학교에서 친하게 지냈던 친구 녀석이 전화를 했다.
이런저런 이야기를 나누던 가운데 녀석이 뜬금없이 물었다.
"혜은이가 부른 「감수광」이란 노래 알지?"
"응, 당연하지. 왜?"
"근데 뒷부분에 '혼자 옵서예'라고 하는데 그게 맞는 거야?"
"ㅋㅋㅋㅋㅋㅋㅋ"
"야, 웃지만 말고 가르쳐줘 봐."
다른 이와 대화하다가 이 제주도 사투리로 된 노래 때문에 의견이 분
분했던 모양인지, 제주도가 고향인 내게 물어온 것이다. 생각해 보니
'혼자 옵서예'라고 하는 것도 말이 되기는 하는지라 그럴 수도 있겠다
싶었다.
문제가 되는 부분만 따 오면
"감수광 감수광 난 어떡허렌 감수광

설른 사람 보냄시메 가거들랑 혼저 옵서예." 인데,

'떠나는 설운 님을 보내드리니, 가고 나서 돌아올 적에는(다른 이, 말하자면 연적이 될 이와 함께 오지 말고) 홀로 오시라'는 것으로 해석이 되는 것이다.

문제가 되는 부분인 '혼저 옵서예'는 답부터 밝히자면, '얼른 오세요'이다. 다시 가사를 맞추어 보면,

"가시나요, 난 어떡하라고 가시나요

설운 사람 보내오니 가거든 얼른 오세요."가 되는 것이다.

그러고 보면, 이 「감수광」도 옛 조상 때부터 오늘날에 이르기까지 이어지는 사랑 노래의 전통에서 벗어나지 않은 노랫말이다. 특히, 고려가요인 「가시리」와 많이도 닮았는데, 이 「가시리」를 「청산별곡」과 섞어 대학가요제(1회/1977)에서 이명우가 노래해 은상을 받은 적도 있다.

'혼저 옵서예'는 제주도에 와서 차를 타고 다니다 보면 어느 마을 입구에 적혀 있는 경우를 더러 볼 수도 있다. 또한, 그 마을을 빠져나오는 지점에는 '잘 갑서예'라는 글귀가 대꾸하게 마련인 것인데, 문제는 '혼저 옵서예'라는 글귀를 직접 눈으로 보면 '혼'의 모음을 'ㅗ'가 아닌 'ㆍ(가운데 점, 아래 아)'로 적어 놓는다는 것이다.

오늘날 토박이 워드 프로그램 'ᄒᆞ글(아래 아 한글)'로 대변되어 기억하는 이 '아래 아'는 죽은 소리요, 그 때문에 쓰지 않는, 죽은 글자인 것이다. 그런데 제주도에는 아직도 이 글자를 쓰는 곳이 있는 것이다.

내가 처음 이 글자를 본 것은 초등학교에 다니던 시절이었다. 당시에도 이미 죽은 글자였던 '아래 아'는 학교 가는 길가에 자리한 식당 앞에 세운 간판에 적혀 있었다. 'ㅁ'과 'ㅁ'이 위아래로 놓인 사이에 찍힌 그 점 하나 때문에 나는 오랫동안 궁금함을 달고 살았댔다. 마치 한자 여(呂)와 비슷한 생김새인데, 그것은 제주 토속 음식으로 알려진 '몸국'이라고 적어 놓은 것이었다. 학교에서 가르치지 않으니 나로선 당연히 이상한 글자라고 생각할 수밖에 없는 것이다.

그러다가 고등학교에 들어가서 '훈민정음'도 배우고, '용비어천가'도 배우고, '서동요' 따위도 익히면서 이 '아래 아'의 소리를 적나라하게 깨치게 되는데, 이는 선생님이 우렁차고도 제대로인 제주도식 발음 덕분이었다. 물론, 당시에도 제주시가 아닌 지역에서 온 친구들은 적잖은 수가 이 '아래 아'를 그야말로 제대로 소리내곤 했는데, 정작 나는 내가 내는 소리가 지금도 제대로 된 소리인지 영 자신이 없다.

글로 적어 표현하는 데는 한계가 있지만, '아래 아'는 'ㅗ'와 'ㅓ'의 중간쯤 되는 소리라고 배우게 된다. 그런데 실제로 들어보면 밋밋하게 뽑아내는 소리가 아니라 혀를 재빠르게 말아 굴려서 소리 내는데, 콧소리도 약간 가미되는 그런 느낌이 든다. 이 부분은 전문가가 아니라 확신하지는 못하는바, 관심 있는 이는 나이 드신 분들께 직접 전수받는 게 빠르고 정확한 방법이다. 웹상으로는 '제주 전통민요'나 '노동요' 따위를 게시한 사이트를 검색해 소리를 들어보는 것도 한 방법일 것이다.

이렇게 'ㅗ'와 'ㅓ'의 중간 소리를 내는 '아래 아'의 영향권에 있는 제주도 사람들은 앞서 예를 들었던 워드 프로그램을 '한글'이라 하지 않고 'ᄒᆞᆫ글(아래 아)'이라고 한다. 그렇지만 '한글날' 따위는 그대로 '한글날'이라고 소리내는데, 이는 위 프로그램이 'ᄒᆞᆫ글(아래 아)'이라고 시각화된 것을 라벨이나 설명서나 제품 포장 따위에 그려 넣었기 때문이다.

광고에서 표현되는 '아래 아'로 표기한 이름들, 예를 들면 'ᄃᆞ맛', '수려ᄒᆞᆫ', '참 크래커' 따위도 바다를 건넌 육지권에서는 위에 적힌 그대로 읽고 말지만, 제주도에서는 'ᄃᆞ뭇', '수려혼','촘 크래커'에 가깝게 읽는다. 그래서 '맛'이라는 뜻으로 쓰였을 'ᄃᆞ맛'은 제대로 따지고 들면 '아래 아'로 표기할 수 없다. 한글이 생긴 때에도 애초에 '맛'이라고 표기했던 것이지, '아래 아'로 표기했던 것이 아니기 때문이다.

여기까지 쓰고 나니 '탐나는도다', '이재수의 난' 따위의 제주도를 다룬 극에 나온 사투리가 떠오른다. 극에서 사투리를 보는 그 고향 사람들도 그럴까 궁금해질 정도로 이들의 사투리 구사력은 이마에 땀을 맺히게 하는 마력을 지녔다. '탐나는도다'의 경우는 분위기가 심각한 경우가 별로 없어 덜한 편인 데다, 초반에는 자막까지 입혀주는 정성을 보였지만, 이재수 역을 맡은 이정재가 결의에 찬 자세로 한 말들은 그야말로 '뻘쭘'하게 만들었다.

반대로 높은 점수를 주게 되는 경우도 있는데, 80년대에 방송되었던 '김만덕'을 소재로 한 드라마가 그것이다. 물론, 제주 출신으로 잘 알려진 고두심이 그 배역을 맡았기에 가능한 일이다. 조만간에 또 제주를 소재로 한 드라마가 몇 편 등장할 거라고 하는데, 이번엔 몇 점을 주게 될지 기다리고 있다.

아예 이참에 '사투리 교육사' 같은 직종이 생겨나 극에 사실감을 높이는 구실을 하고, 더 나아가 지역 지방마다 자랑거리인 사투리를 돌보고 다듬어, 이어주는 다리 구실을 했으면 좋겠다는 생각이 든다.

며칠 전, 상점에 들러 장을 보고 계산대에 기다리는데, 외국인이 계산을 하는 광경을 보게 되었다. 그이는 모든 것이 마무리되자 겸손하게도 두 손으로 카드를 돌려받았다. 사람마다 제각각이겠지만, 이 인상 깊은 모습은 우리가 기를 쓰고 '어른지'를 소리 내려 할 것이 아니라, 우리가 잃어버리고 버린 것들에 관심을 두고 보살피는 모습을 갖추었을 때 쉬이 해결될 일들이 참으로 많겠다는 생각을 하게 만드는 것이다.

-링크 내용 끝

적어도 외국 가서 살 생각 또는 재력이 없는 평범한 한국사람이며 제주도 사람인 내게는 '가시리'와 '감수광', '몸국'이 입맛에 맞아 착착 달라붙으니 행복하기 그지없다. 제대로 소리 내지 못하는 아쉬

움은 있지만 말이다.

제 글입니다. 참고 바랍니다.

적어도 60대 이상 나이의 제주도 사람은 거의 아래 아를 소리 낸다고 볼 수 있습니다.

검색해보면 입은 오 모양으로 벌리되, 소리는 어가 되게 유지하는 것이 관건이라는 글도 있더군요.

옹식7 ✕ 🖉

2010/02/28 01:33 | EDIT

감사합니다. 구지 님!

구지 님의 글 잘 읽었습니다.

'아래 아'의 소리가 제주도 방언에 남아 있다는 것을 알고는 있었습니다만, 제가 직접 들어본 적은 없습니다. 선생님의 좋은 정보 기회가 되면 직접 들을 수 있도록 하겠습니다.

'아래 아' 소리?

가끔 이런 생각을 해봅니다. 아이가 맨 처음 '엄마' 하고 말을 시작하려고 할 때, 바로 그 설익은 '어' 소리에 가까운 소리가 아닐까 하고 말입니다.

그냥 한 번 이런 생각도 해봤습니다.

'ㅗ'의 입 모양으로 'ㅓ' 소리를 낼 때의 소리라는 말씀에 상당한 일리 있음을 느낍니다.

고맙습니다. 구지 님! 늘 건강하세요.

구지 ✕ 🖉

2010/02/28 11:41 | EDIT | REPLY

http://www.haenyeo.go.kr/ekboard/view.

php?btable=vod&bno=2&p=1&cate=

위 링크를 누르시면, (현재 없어졌습니다.)

해녀 노래, 멸치 후리는 소리를 볼 수 있습니다.

자막도 함께 나오니 소리와 글자를 비교하면서 들을 수 있습니다.

들어보시면 대부분 'ㅓ'에 가까운 소리이나, 가끔 'ㅏ'에 가까운 소리

도 들립니다.

도움되었으면 합니다.

그리고, 어떤 이도 아기들이 내는 이른바 '옹알이'와 비슷한 소리여

서 아래아 소리에 상당한 의미를 두기도 하였습니다. 잊히는 게 아

쉽다면서요.

행복한 날들 보내십시오.

고맙습니다. 구지 님!

'멸치 후리는 소리' 잘 보고 잘 들었습니다. 눈물도 몇 방울 흘렸습니다. 참 낮고 억세지 않은 소리입니다. 생명에 대한 존엄이 온몸에 온 역사에 깃든 소리처럼 느꼈습니다.

'아래 아' 소리를 유심히 들어보았습니다. 대부분은 'ㅗ'와 'ㅓ'가 결합한 소리처럼 들렸고요, 때론 앞뒤에 오는 모음의 영향에 따라, 구분되기 위해 '아래아' 소리가 자기만의 소리를 버리고 'ㅓ'나 'ㅏ' 소리로 변화되어 들리는 것 같았습니다.

'아래아'는 분명 'ㅗ' 소리만도 아니고 'ㅓ'소리만도 아닌, 두 소리가 함께 어울린 소리처럼 들렸습니다.

'ㅜ'와 'ㅓ'가 결합된 'ㅝ'가 있고, 'ㅗ'와 'ㅏ'가 결합된 'ㅘ'도 있습니다. 그런데 'ㅗ'와 'ㅓ'가 결합된 'ㅗㅓ'는 따로 없습니다.

'ㅝ'는 'ㅜ' 모양의 입술이 'ㅓ' 모양의 입술로 변하면서 만들어지는 소리이고, 'ㅘ'는 'ㅗ' 모양의 입술이 'ㅏ' 모양의 입술로 변하면서 만들어지는 소리입니다. 그렇다면 '아래아' 소리는 'ㅗ' 모양의 입술이 'ㅓ' 모양의 입술로 변하면서 만들어지는 소리일 수도 있겠다고 생각해 봅니다.

옹식7 ╳ 🖉

2010/02/28 19:06 | EDIT

아이가 맨 처음 '엄마'라는 소리를 내려고 할 때 '엄마' 또는 '옴마'와 같이 정확하게 소리 내지 못합니다. 이것은 '엄마'라는 말이 자기를 낳고 젖을 주는 사람이라는 뜻을 알지 못하기 때문입니다. 다시 말해, 모음 소리에 대한 정확한 구분이 없다는 것입니다.

이런 상태에서 부모가 "엄마 해봐! 엄~마!" 하고 수없이 반복하여 교육을 합니다. 그렇게 아기는 그 부모의 입술 모양과 소리를 보고 듣습니다. 완전하게 "엄마!"라고 소리를 낼 수 있을 때까지 말입니다.

'옹알이'라는 말은 아직 말을 못하는 어린아이가 혼자 입속말처럼 자꾸 소리를 내는 짓이라고 합니다. 즉, '엄마'라는 소리를 정확하게 낼 수 있을 때까지 아이는 그와 비슷한 여러 모음 소리로 '엄마'라는 소리를 나타내고 있는 것입니다.

옹식7 ✕ 𝒪

2010/02/28 19:14 | EDIT

그런데, '엄' 소리, 즉 'ㅓ' 소리의 입술 모양은 'ㅜ'나 'ㅏ' 또는 'ㅣ'나 'ㅡ' 등의 모음 소리의 입술 모양보다는 'ㅗ' 소리의 입술 모양과 닮았습니다.

따라서 아이는 'ㅗ'의 입술 모양과 'ㅓ'의 입술 모양 사이에서 '엄마'라고 소리를 낼 수밖에 없을 것 같습니다.

이것이 '아래 아' 소리가 만들어진 배경이 아닐까 하고 생각해 봅니다.

선생님! 다시 한 번 진심으로 감사드리며, 늘 건강하세요.

한글 자음의
물리학적 접근?
(ㅅ)

밖에 나가면 꼭 만나는 것이 있습니다. 바람입니다. 바람은 안 불 수가 없습니다. 기압의 차가 아주 똑같은 상태로 유지되는 대기를 생각할 수 없기 때문입니다. 느끼지 못하는 바람이라도 바람은 늘 불고 있는 것입니다.

물은 물의 길을 따라 흐릅니다. 그런데 바람은 따로 길이 없습니다. 사이 즉 틈만 있으면 바람은 얼마든지 움직일 수 있습니다. 따라서 바람의 길이 곧 '사이(틈)'라고 말씀드릴 수 있을 것입니다.

자음 'ㅅ' 소리는 바람(공기)이 움직일 때 나는 소리입니다. 움직이면서 다른 사물과 마찰을 일으키며 만들어지는 소리입니다. 바람의 작은 알갱이들이 사물의 표면을 쓸고 지나가면서 만들어지는 소리가 바로 'ㅅ' 소리라는 것입니다. 문틈으로 새어 들어오는 바람 소리는 분명 'ㅅ' 소리입니다. 대빗자루로 마당을 쓸 때도 분명 'ㅅ' 소리가 나고, 손바닥을 살살 비빌 때도 역시 'ㅅ' 소리가 만들어집니다. 손바닥 사이에 있는 공기의 작은 알갱이들을 비비기 때문입니다.

입에서 'ㅅ' 소리가 만들어지는 방식도 같습니다. 날숨이 혀와 입천장 사이를 빠져나오면서 만들어지는 소리라는 것입니다. 혓바닥에는 미각 유두라는 돌기가 수없이 분포되어 있습니다. 그 돌기들을 날숨이 쓸고 나오면서 만들어지는 소리가 바로 'ㅅ' 소리입니다.

물론 이때 혀의 역할이 중요합니다. 혀를 입천장에 닿지 않도록 아주 살짝 떨어뜨린 상태로 두면 안쪽에 약간의 공간이 생기게 됩니다. 그 공간에 날숨을 어느 정도 모았다가 혀를 열면서 한 번에 내보내는 것입니다. 생일케이크 촛불을 끌 때 입안에 공기를 어느 정도 모았다가 한 번에 불어내는 이치와 같습니다.

'ㅅ'은 혀 모양을 본뜬 기호가 맞습니다. 혀 모양이 완전하진 않지만 그래도 삼각형 모양하고 비슷하게 생겼으니까요. '메~롱' 하고 혀를 빼보면 아실 것입니다.

그러면 혀는 왜 삼각형처럼 끝이 뾰족하게 생겼을까요? 사람뿐만 아니라, 동물들의 혀도 그렇고, 풀잎이나 나뭇잎의 모양도 기본적으로 끝이 뾰족하게 생겼습니다. 끝이 네모나기나 둥글넓적하게 생긴 것보다는 사는 데 더 유리하기 때문일 것입니다. 간단히 예를 들면, 소금이나 장맛을 볼 때 숟가락으로 퍼먹으면서 맛을 보지 않습니다. 혀끝으로 살짝 맛을 봅니다. 이때 당연히 넓적한 것보다 뾰족한 것이 낫습니다. 즉, 감각은 넓적한 것보다 뾰족하게 돌출되어 있어야 더 조심스럽고 예리하게 느낄 수 있는 것입니다. 가시가 뾰족한 것도 그 사실을 알고 있기 때문일 것입니다.

비행기는 새의 모습을 본떠 만든 것입니다. 종이비행기 보세요. 끝이 뾰족하지 않습니까? 바람을 보다 잘 뚫고 지나가기 위해 고안된 물리학적 형상입니다. 제트기 지나가는 거 보세요. 진짜 싹수없이 지나가잖아요. 그렇지 않나요? 물론 웃자고 하는 말입니다만, 쎅쎅~ 거리며 지나가는 모습을 보고 있으면 자동으로 인상이 구겨지더라고요.

그런 소리 또한 공기를 가르는 소리입니다. 그래서 당연히 'ㅅ' 소리가 날 수밖에 없는 것이고요. 바람의 알갱이들을 너무 세게 들이받다 보니 아주아주 시끄러운 소리가 나는 것입니다. 쌍 'ㅅ' 소리가 심장까지 뚫고 들어올 것처럼 말입니다. 저는 한 대 쥐어박고 싶더라고요.

'ㅅ'은 혀의 모양도 닮았지만, '사이'에서 살아가는 수많은 생명의 지혜도 닮은 것 같습니다.

한글 자음의
물리학적 접근?
(이응-ㅇ)

"퐁당퐁당 돌을 던져라 냇~물아 퍼져라 멀리멀리 퍼져라

건너편에 앉아서 나물을 씻는 우리 누나 손등을 간지러주어라~"

참 예쁘고 귀엽고 발랄한 동요입니다. 이 동요를 부르면 저절로 기분이 좋아집니다. 여러 정서적인 측면 때문이겠습니다만, 또한 받침(종성)에 ㅇ, ㄹ, ㄴ이 많이 들어가 있기 때문인 것 같습니다. ('냇, 씻'에서 ㅅ은 ㄴ으로 소리 납니다.)

그런데요, 이 노래를 이렇게 한 번 불러보세요. 검지(손가락)로 양쪽 귀를 쏙쏙 막고 동시에 엄지로 콧구멍까지 꽉꽉 틀어막은 상태로 노래를 해보세요. 배트맨 모양으로 하시면 되는데, 좀

불편하시면 빨래집게로 코를 막으셔도 됩니다. 자 그럼, 다시 한 번 불러보실까요…? 어떠신가요?

아마 동요 같은 느낌이 많이 줄어들 거에요. 느끼셨겠지만, ㄹ 소리는 잘 나는데, ㅇ과 ㄴ 소리는 도통 제대로 나지 않거든요. 여기서 알 수 있는 사실이 하나 있지요. 종성 ㅇ과 ㄴ은 콧구멍소리(비음)이고, 종성 ㄹ은 콧구멍소리가 아니라는 것이에요.

'구강구조'라고 할 때, '구강'은 입안의 공간을 뜻하는 말입니다. 그렇다면 '비강'이란 말은 코안의 공간을 뜻하는 말이겠지요. 그런데요, 입안의 공간이 더 큰 줄 알았는데, 실은 코안의 공간이 훨씬 더 크더라고요. 공간이 크면 소리도 더 많이 울릴 테니까, 당연히 입안보다는 코안에서 소리가 더 많이 울린다고 볼 수 있을 겁니다.

종성 ㄹ은 성대 아랫부분에서 울리는 소리예요. 가래 끓는 소리가 나는 곳이라고 말씀드릴 수 있을 게에요. 그래서 코를 막아도 ㄹ 소리를 잘 낼 수 있죠. 그런데 종성 ㄴ과 ㅇ은 입안보다는 코안에서 더 많이 울리는 소리예요. 그럴 수밖에 없는 원리가 있어요.

혀끝으로 입천장을 앞쪽에서부터 목구멍 안쪽으로 서서히 눌러보세요. 이빨 쪽은 단단해요. 그리고 안쪽으로 들어갈수록 부드럽고 연해진다는 것을 알 수 있을 것에요. 이빨 쪽 입천장이 단단하여서 그 구간을 '경구개'라고 하고, 저 안쪽 입천장은 연해서 그냥 '연구개'라고 해요. 어려운 말 아니죠?

'난'에서 위에 있는 'ㄴ'은 초성이고요, 아래에 있는 'ㄴ'은 종성이에요. 초성 'ㄴ' 소리를 내려면, 혀끝을 경구개에 살짝 댔다가 떼면 돼요. 다시 말해, 혀끝으로 이빨 쪽 입천장을 부드럽게 한 번 막았다가 열면 돼요. 종성 'ㄴ'은 거꾸로 하면 되고요. 즉, 혀끝으로 경구개를 부드럽게 막으면 된다는 거예요. 따라서 '난' 소리를 내려면 혀끝이 경구개를 살짝 막았다가 열면서 'ㅏ' 소리와 함께 '나'가 되고, 그 '나'의 상태에서 곧바로 혀끝이 경구개를 살짝 닫으면서 마무리 지으면 '난' 소리가 되는 것입니다.

다른 자음들의 조합도 다 마찬가지 원리입니다. 초성은 막았다 열면서 나는 소리고 종성은 닫으면서 나는 소리라는 것입니다. 하나 더 예를 들면, '말'이라는 소리는 'ㅁ+ㅏ+ㄹ'로 이루어진 소리입니다. 초성 'ㅁ'은 입술이 부드럽게 떨어지면서 나는 소리고, 종성 'ㄹ'은 혀끝으로 경구개와 연구개의 중간 부분의 입천장을 살짝 말아 붙이면서 나는 소리입니다. 따라서 '말' 소리는 입술을 살며시 열면서 'ㅏ' 소리와 함께 '마'가 되고, 그 상태에서 곧바로 혀끝으로 입천장 중간 부분을 살짝 말아올려 붙여 마무리 지으면 되는 것입니다.

좀 복잡하신가요? 죄송합니다. 집중력도 좀 떨어져 있고, 또 글로 쓰려니 저도 좀 복잡스럽습니다.

'퐁당퐁당' 노래의 '냇~물아'에서 '냇' 소리를 코를 막고 내어 보면 정확하게 내지 못하죠. 그것은 종성 'ㄴ' 때문에 그렇습니다. '낸'은 종성 'ㄴ'에 의해 최종적으로 혀가 입천장을 막은 상태로 끝이 나는 소리입니다. 따라서 '내' 소리까지는, 그 소리가 입 밖으로 거의 다 빠져나올 수 있는데, '낸' 소리가 되면, 즉 종성 'ㄴ'이 붙으면 입천장이 혀끝에 의해 상당 부분 막혀버리기 때문에, 그 소리가 입 밖으로 자연스럽게 다 나오지 못합니다. 그렇게 다 나가지 못한 소리가 역류하여 콧구멍을 통해서 나올 수밖에 없는 것입니다. 따라서 구강에서 울리는 소리보다 비강에서 울리는 소리가 더 클 수밖에 없다는 것입니다. 그러니 코를 막으면 당연히 '낸' 소리를 정확하게 끝까지 다 낼 수 없는 것입니다.

그렇다면 종성 'ㅇ'도 무언가가 닫히면서 나는 소리라고 추측해 볼 수 있을 것입니다. 코를 막으면 '퐁당퐁당' 소리도 잘 나지 않는다는 것을 알 수 있기 때문입니다.

종성 'ㅇ' 소리도 닫히면서 나는 소리입니다. 닫혀서 입으로 빠져나가는 양보다 코로 빠져나가는 소리의 양이 더 많습니다. 그런데요, 'ㄴ'이나 'ㅁ'과 달리, 닫히기는 닫히지만, 완전히 닫히는 게 아니라, 살짝 (목)구멍을 낸 채로 닫힙니다.

'ㄱ'은 혀뿌리가 목구멍을 꽉 틀어막으면서 나는 소리라고 한다면, 'ㅇ'은 혀뿌리가 목구멍을 살짝 열어둔 채로 닫으면서 나는 소리입니다. 다시 말해, 혀뿌리가 목구멍을 수직으로 닫긴 닫는데, 다 닫는 것이 아니라 작은 구멍을 낸 상태로 닫는다는 것입니다. 혀뿌리가 수직으로 막고 있어서 'ㅇ' 소리가 수직 상승하여 콧구멍으로 빠져나올 수밖에 없는 것입니다. 'ㄴ'은 그래도 경구개까지 나왔다가 되돌아 비강으로 올라가지만, 'ㅇ'은 혀뿌리에 의해 목구멍에서 곧바로 비강으로 올라가는 소리입니다. 그래서 'ㅇ' 소리는 'ㄴ'보다 더 매력적인 콧소리라고 할 수 있을 것입니다.

근데요. 'ㅇ'을 좀 더 자세히 살펴보면 콧구멍으로 올라갈 때 그냥 올라가는 것이 아니라, 동그라미 형태로 올라간다는 것입니다. 목구멍 자체가 동그랗기 때문에 동그란 모양으로 'ㅇ'이 비강에 널리 울려 퍼진다는 것입니다. 담배 연기로 도넛을 만드는 원리처럼 혀뿌리와 목구멍이 'ㅇ' 소리를 구강보다는 비강으로 더 많이 뿜어낸다는 것입니다. 아이들이 돌을 던지면 냇물이 동그랗게 퍼져서 누나의 손등을 간지럽게 하는 일종의 수면파의 원리와도 다소 비슷할 것입니다. 또한, 둥글게 둥글게 울려 퍼지는 보신각의 범종 소리와도 상당히 닮았다고 말씀드릴 수도 있을 것 같습니다.

한글 자음의
물리학적 접근?
(ㅇ과 ㅇ)

ㅇ, ㆆ, ㅎ : 이응, 여린 히읗, 히읗- 목구멍소리

ㄱ,   ㅋ : 기윽, 키읔- 혀뿌리소리

ㄴ, ㄷ, ㅌ : 니은, 디읃, 티읕- 혀끝과 혓바닥소리

ㅁ, ㅂ, ㅍ : 미음, 비읍, 피읖- 입술소리

ㅅ, ㅈ, ㅊ : 시옷, 지읒, 치읓- 혀 사잇소리

ㄹ : 리을- 목울대소리

ㆁ : 응- 콧구멍소리

(정확하게 표현하는 데 다소의 한계가 있으며, 또한 기존의 인식 때문에 다소 혼란스러운 측면도 있습니다. 헤아려 이해해주시길 바랍니다.)

위에서, 목구멍소리 'ㅇ(이응)'과 콧구멍소리 'ㆁ(이ᇰ)'은 전혀 다른 소리입니다.

평상시 숨을 쉴 때는, 일부러 의식하지 않는 이상, 내가 숨을 쉬고 있는지 쉬고 있지 않은지 잘 느끼지 못합니다. 만일 호흡 할 때마다 숨을 쉬고 있는지 매번 체크한다면 정신적으로 매우 고된 일일 것입니다. 담박질한다거나 헤엄을 칠 때 또는 한숨을 쉬거나 하품을 할 때처럼 호흡량이 평상시보다 많아질 때, 그런 상태에서나 비로소 숨을 쉬고 있다는 것을 자각하곤 하는 것입니다.

이처럼 평상시에 잘 느끼지 못하는 날숨의 흐름소리를 나타내는 기호가 바로 후음 'ㅇ(이응)'인 것입니다. 거의 들리지 않아서 그렇지 소리가 나긴 나는 것입니다.

'ㅏ, ㅑ, ㅓ, ㅕ, ㅗ, ㅛ, ㅜ, ㅠ, ㅡ, ㅣ', 우리는 이 모음 기호를 말할 때 '아, 야, 어, 여, 오, 요, 우, 유, 으, 이'라고 소리 내어 말합니다. 즉, 각각의 기호에 'ㅇ(이응)'을 붙여 소리를 내는 것입니다. 입만 벌린다고 해서 모음 소리가 나지는 않습니다. 적어도 목구멍에서 공기가 빠져나와야만 모음 소리도 낼 수 있는 것입니다. 다시 말해, 기호만 가지고 소리가 나는 것이 아니라, 공기의 흐름이 있어야 소리가 난다는 것입니다.

입술을 동그랗고 크게 벌려 보세요. 그리고 나서 그 상태에서 '아, 아, 아, 아, 이' 히고 소리를 내어 보세요. 어떠신가요…? 목구멍이 내부의 공기를 툭툭 밀어낸다는 것을 느끼실 수 있을 것입니다. 바로 이것이 후음 'ㅇ(이웅)'이라는 것입니다. 목구멍 자체가 동그랗게 생겼기 때문에 동그란 모양으로 공기가 입 밖으로 빠져 나올 수밖에 없는 것이고, 그 모양을 기호화한 것이 바로 후음 'ㅇ(이웅)'이라는 것입니다. 이 후음 'ㅇ(이웅)'과 동그랗고 큰 입술 모양을 나타내는 모음 기호 'ㅏ'가 결합하여 '아' 소리가 만들어진 다는 것입니다.

　종성으로만 쓰이는 비음 'ㆁ(이응)'은 앞서 말씀드린 바와 같이, 혀뿌리가 목구멍 입구 쪽을 수직으로 막고 있기 때문에 입으로 빠져나오지 못하고 비강으로 올라가 울리면서 코로 빠져나오는 소리입니다. 물론, 이것도 목구멍에서 빠져나오는 소리이기 때문에 그 모양이 후음 'ㅇ(이웅)'과 똑같은 모양으로 빠져나갈 수밖에 없을 것입니다. 그래서 그 모양을 구분하기 위해 동그란 모양 위에 꼭지를 달아 'ㆁ'와 같은 모양의 기호가 된 것입니다. 종소리를 내려면 꼭지가 있어야 종을 잡고 칠 수 있고, 나무 열매도 꼭지가 있어야 대롱대롱 매달려 익을 수 있듯이, 이응(ㆁ) 소리도 꼭지가 있어야 붙잡고 코로 올라갈 수 있는 것입니다.

　'앙'이란 말에서 위에 있는 ㅇ은 초성 이웅(ㅇ)이고, 밑에 있는 ㅇ은 종성 이응(ㆁ)인 것입니다. 이 소리가 만들어지기 위해서는 먼저 입술을 크고 동그랗게(ㅏ) 벌려야 하고, 그 상태에서 목구멍이 공기를 입 밖으로 밀어내어(ㅇ)야 '아' 소리가 만들어지며, '아' 소리가 남과 거의 동시에 혀뿌리가 목구멍 입구를 막으면서 공기의 흐름을 코로 바꾸어(ㅇ) 놓아야만 만들어질 수 있는 것입니다. 거의 동시다 보니까 모음 'ㅏ' 하고 자음 'ㅇ(이응)' 소리만 있는 것처럼 느껴지지만, 반드시 'ㅇ(이웅)' 소리가 함께 어울려야만 '앙' 소리를 낼 수 있는 것입니다.

따라서 초성 'ㅇ(이웅)과 종성 'ㅇ(이응)'은 구분되어 표기되는 것이 보다 우리 한글을 살리는 것이라고 생각합니다.

그리고 평상시 거의 들리지 않는 목구멍 공기 소리 'ㅇ(이웅)'에 공기의 양이 조금 더해지면 위에 작대기 하나가 그어진 모양의 'ㆆ(여린 히웅)'이 되고, 이보다 양이 더 많아지면 두 개의 작대기가 그어진 'ㅎ'이 되는 것입니다. 마찬가지로 ㄱ에 공기의 양이 많이 더해지면 작대기 하나를 더 그어 ㅋ이 되는 것이고, 'ㄴ, ㄷ, ㅌ', 'ㅁ, ㅂ, ㅍ', 'ㅅ, ㅈ, ㅊ'도 다 같은 원리입니다. 'ㅂ'과 'ㅍ'은 한자 日이나 目과 같은 글자와 구분하기 위해 위를 열거나 옆으로 눕힌 것이라고 말씀드릴 수 있을 것입니다.

한글 자음의
물리학적 접근?
(ㆆ-여린 히읗)

조선 중종(中宗) 때 최세진(崔世珍)의 『훈몽자회(訓蒙字會(1527)』에 쓰인 '여린 히읗'과 '사이 디귿', 그리고 '사이 비읍'에 대해 잠시 살펴보겠습니다(네이버 백과사전 참조).

1. 'ㆆ' (여린 히읗)

'虛헝ㆆ字/ 처/ 펴아'

'那낭ㆆ字/ 처/ 펴아'

'闍령ㆆ字/처/ 펴아'

'彌밍ㆆ字/ 처/ 펴아'

'步뽕ㆆ字/ 처/ 펴아'

'邪쌍ᅙ字/ 처/ 펴아'

'快쾡ᅙ字/ 처/ 펴아'

먼저 위의 형 낭 령 밍… 등의 소리 아래에 붙은 동그라미는 '이응'이 아니라, 거의 소리가 나지 않는 '이웅'입니다. 그리고 그 각각의 소리와 한자 字 사이에 공통으로 '여린 히읗(ᅙ)'이 표기 되었다는 것을 알 수 있으며, 또한 한자 字(자)가 된소리 /(짜), 즉 소리 나는 대로 표기되어 있다는 것을 알 수 있습니다.

이것을 도식화해 보면 '허+ㅇ(이웅)+ ᅙ(여린 히읗)+짜'와 같이 된다는 것을 알 수 있습니다.

'허짜'를 천천히 반복해서 소리 내어 보세요. '허~짜, 허~짜, 허~짜, 허~짜…' 하고 말입니다. 그러면 이 소리가 3단계 소리로 난다는 것을 어렴풋이 느낄 수 있을 것입니다. 즉, '허' 소리에 강세가 주어진 다음, 그보다 다소 낮은 소리(?)를 거쳐 '짜' 소리로 이어진다는 것을 느낄 수 있다는 것입니다.

그런데 이 ?의 소리를 유심히 들어보면, ᅙ도 아니고 ㅇ(이웅)도 아닌, ᅙ(여린 히읗)에 가까운 소리라는 것을 알 수 있을 것입니다. 즉, '허허짜'도 아니고 '허어짜'도 아닌, '허ᅙㅓ짜'라는 것입니다. 마찬가지로 '나하짜'나 '나아짜'가 아니라 '나ᅙㅏ짜'이며, '쾌해짜'나 '쾌애짜'가 아닌 '쾌ᅙㅐ짜'라는 것입니다.

'타자(기)'와 '타짜'에서 전자는 ᅙ 소리가 나지 않는 반면, 후

자에는 ㅎ 소리가 난다는 것을 알 수 있으며, 마찬가지로 '여자'
나 '사자'에는 없지만, '려 짜'와 '사 짜'에는 그 사이에 ㅎ 소리가
있다는 것을 알 수 있을 것입니다.

　따라서 이와 같은 소리 현상들을 종합하여 다소 물리 화학적
식으로 접근해 보면, ㆆ(여린 히읗)은 뒤에 오는 자음 ㅈ의 농도
를 짙게 하여 된소리 ㅉ으로 변화시켜주는 촉매제 역할을 하는
자음이라고 생각해 볼 수도 있을 것 같습니다.

2. 'ㄷ' (사이 디귿)

'本본ㄷ字ㅣ'

'末ㄷ字ㅣ'

'君군ㄷ字ㅣ 처ㅣ 펴아'

'吞ㄷ字ㅣ 처ㅣ 펴아'

　위의 '사이 디귿'도 1의 '여린 히읗'과 마찬가지로 뒤에 오는 자
음 ㅈ의 농도를 높여 된소리 ㅉ으로 변화시켜주는 역할을 하는
것이라고 말씀드릴 수 있습니다. 이를 도식화해 보면 '보+ㄴ+ㄷ+
짜'의 형태로 1의 도식과 같다는 것을 알 수 있습니다.

　'본~짜'를 아주 서서히 소리 내면서 혀의 움직임을 유심히 살

퍼보면, 종성 ㄴ에서 초성 ㅉ으로 소리가 이동할 때 혀가 입천장에 닿는 상태 변화를 느낄 수 있는데, ㄴ에서 ㅉ으로 갈수록 혀의 앞부분부터 혓바닥으로 점점 넓게 입천장에 달라붙는다는 것을 알 수 있습니다. 즉, ㄴ과 ㅉ 사이에 ㄷ과 같은 발성 기관의 작용이 적어도 한 번쯤 일어난다는 것을 알 수 있다는 것입니다.

3. 'ㅂ' (사이 비읍)

'侵침ㅂ字/ 처/ 펴아'

'사이 비읍'도 1, 2의 원리와 같습니다. 도식은 '치+ㅁ+ㅂ+짜'입니다.

'침~짜'라고 소리를 낼 때, 종성 ㅁ과 초성 ㅉ으로 소리가 이동할 때 입술의 부딪치는 강도를 유심히 살펴보면, ㅁ과 ㅉ 사이에 적어도 한 번 ㅂ과 같은 발음기관의 작용이 일어난다는 것을 느낄 수 있을 것입니다. 즉 농도가 짙은 된소리 ㅉ을 만들어내기 위해 ㅁ 소리 상태의 입술을 좀 더 세게 닫아 ㅂ 소리 상태의 입술로 강화시킨다는 것입니다.

위에서 얘기하신 않았지만, 1의 '여린 히읗'도 목구멍이 뒤에 오는 자음 ㅈ을 된소리 ㅉ으로 만들기 위해, 앞의 초성 ㅇ(이응)

상태의 목구멍을 'ㆆ(여린 히읗)' 상태의 목구멍으로 강화시키기 때문에 만들어지는 소리라고 생각해 볼 수 있을 것입니다.

한글 자음의
물리학적 접근?
(ㅎ과ㅊ)

한글 자음은 음악으로 치면 '도레미파솔라시도' 같은 음계와 같고, 미술로 치면 수십 수백 가지의 물감과 같습니다.

여러 음계로 수많은 곡조를 만들어내고, 여러 색깔로 다양한 그림을 그릴 수 있는 것처럼, 한글 자음으로 자연계의 수많은 소리를 아주 가깝게 연출할 수도 있을 것입니다.

예를 들어, 프(ㅎ)라이펜에 전을 붙일 때, 그 소리를 잘 들어보면 'ㅈ, ㅉ, ㅊ, ㄹ, ㅌ' 등등의 여러 자음 소리가 어울려 들린다는 것을 알 수 있습니다. 또는 빗물이 찬 학독에 물방울 하나 뚝 떨어질 때, 그 소리를 들어보면 'ㄷ, ㄸ, ㅇ, ㄹ' 등의 소리가 어울려 나온다는 것을 알 수 있을 것입니다.

잠시 생각해 봅니다. 어쩌면 문자기호의 물리학적 접근이 가능할 수 있을지도 모른다고 말입니다. 그래서 하나의 예를 좀 더 구체적으로 살펴보겠습니다.

저는 "자음 ㅎ은 목구멍에서 많은 양의 공기가 한꺼번에 빠져나올 때 만들어지는 소리"라고 말씀드렸습니다. 그리고 "자음 ㅊ은 ㅈ과 ㅎ의 충돌로 만들어지는 소리"라고 말씀드렸으며, "ㅈ은 날숨이 빠져나올 때 입안의 물기 등과 마찰을 하여 만들어지는 소리"라고 말씀드린 바가 있습니다.

시뻘겋게 달궈진 쇳덩이를 찬물에 담그면, 어떤 소리가 들리나요…? 'ㅅ, ㅈ, ㅊ, ㄹ' 등의 여러 소리가 납니다만, 그중에서도 ㅊ 소리가 가장 활발하게 들린다는 것을 알 수 있을 것입니다. 아마 그럴 수밖에 없는 이유가 있을 것입니다.

뜨거운 쇠를 찬물에 담그면 쇠가 식습니다. 동시에 물이 부글부글 끓으면서 수증기가 되지요. 즉, 쇠의 높은 온도가 찬물에 전달되면서 물이 타는 것(또는 분리되는 것)이라고 말씀드릴 수도 있을 것입니다. 타는 조건은 에너지와 발화점 이상의 온도, 그리고 산소(공기)입니다. 발화점 이상의 온도는 쇠의 열이고, 에너지는 물입니다. 공기는 주위에 많고요. (물론, 물의 분자구조가 달라지지 않기 때문에 탄다고 말할 수는 없습니다.)

찌게가 끓을 때 '지글지글' 끓는다고 하잖아요. 이것은 온도가 서서히 올라가면서 끓는점에 도달하면 국물이 마구 몸을 섞으면서 다른 재료들과 마찰을 일으켜 'ㅈ'과 'ㄹ' 소리 등을 만들어내기 때문입니다.

그런데 너무 뜨거운 쇳덩이가 찬물에 닿으면 그 순간 물은 그 뜨거움을 주체할 수 없어 너도나도 수증기가 되기 위해 수면을 박차고 나갑니다. 이때 수면 주위에 있는 많은 공기와 일순간에 충돌이 일어나게 되는 것입니다. 즉, 주위에 있는 많은 양의 공기(ㅎ)가 한꺼번에 수면의 지글지글 끓고 튀어나오는 물 분자들과 충돌을 일으켜 ㅊ 소리가 매우 활발하게 연출된다는 것입니다. 이것은 쇠를 용접할 때의 소리와도 매우 비슷하다고 말씀드릴 수 있으며, 또한 파도가 칠 때의 소리와도 매우 닮았습니다.

위의 내용을 인체학적으로도 살펴볼 수 있습니다.

달리기를 하면 에너지가 많이 소비됩니다. 큰 힘을 쓰려면 그만큼의 큰 에너지를 소비해야 하는데, 이때 심장 박동 수가 증가하지요. 그것은 산소와 에너지를 빠르게 순환시켜야 하기 때문입니다. 그래야 일종의 화학발전소라고 하는 세포 내의 미토콘드리아가 에너지(E)를 많이 태워 큰 힘(J)으로 성질을 바꿀 수 있을 테니까요.

에너지를 많이 태우면 태울수록 체내의 분비물, 즉 이산화탄소도 많이 발생할 수밖에 없습니다. 그 이산화탄소는 최대한 많이 그리고 빨리 입 밖으로 배출시킬수록 좋겠지요. 이렇게 CO_2와 같은 분비물을 한꺼번에 밖으로 뱉어 낼 때 만들어지는 소리가 바로 'ㅎ' 소리입니다. 하하하 하고 웃으면 앤돌핀이 만들어지는 이유도 바로 몸 안의 분비물을 밖으로 내보내기 때문입니다.

　기침을 하거나 재채기를 할 때 ㅊ 소리가 잘 난다는 것을 쉽게 아실 것입니다. 기침이나 재채기는 내부의 간질간질한 이물질이나 분비물을 자동으로 배출시키기 위한 생리 현상입니다. 이것은 혀(뿌리)와 목구멍이 협력하여 많은 양의 공기와 함께 이물질을 입 밖으로 최대한 멀리 차내는 것입니다. 이때 만들어지는 소리가 바로 'ㅊ' 소리입니다.

　그래서 세종대왕께서 자연의 모든 소리를 담을 수 있다고 말씀하신 것인지도 모르겠습니다.

한글 자음의
물리학적 접근?
(소리)

  소리는 귀(청각)를 때리는 파동이라고 합니다. 그렇다면 마찬가지로 빛은 눈(시각)을 때리는 파동(입자)이라고 말씀드릴 수 있을 것입니다. 감각을 때린다는 것은 힘으로 충격을 가한다는 것이기 때문에, 따라서 귀를 때리는 것은 소리의 힘이고, 눈을 때리는 것은 빛의 힘입니다. 말소리도 소리이기 때문에 당연히 힘(J)이자 에너지(E)가 되는 것입니다. 귀에 가까이 대고 고함을 치면 고막이 터질 수도 있습니다. 목소리 자체가 흉기가 될 수도 있다는 것입니다.

  뜨거운 햇볕에 오래 있으면 살이 탑니다. 껍질이 벗겨지고 따끔따끔합니다. 떨며 날아오는 뜨거운 태양 입자들에 열나게 두들겨 맞은 것과 같습니다. 나뭇잎들은 대환영이겠지만, 사람들은 나무 그늘에 더 환장합니다. 지나친 빛을 피하고 싶은 자연스러운 현상입니다. 이와 같은 현상들은 분명 과학적 현상들입니다. 뜨거운 햇볕의 물리적 공격을 피해 그늘로 숨는 운동이니까요.

소리도 마찬가지입니다. 너무 시끄러우면 아주 돌아버릴 지경에 이르기도 합니다. 수없이 많은 다양한 주파수의 소리들이 날카롭게 고막을 뚫고 들어오기 때문입니다. 시골 농촌에 살다가 서울 가면, 한동안 괴롭습니다. 여러 환경 요인들 때문인데, 그중에서도 시끄러운 소리가 차지하는 비중도 꽤 될 것입니다. 소리 자체가 고통을 가하는 힘, 즉 물리적 에너지의 하나란 것입니다. 따라서 서울은 소리만 가지고도 너무 많은 에너지를 낭비하고 있는 것입니다.

암튼, 소리는 에너지입니다. '말할 기운도 없어'라는 표현은 진짜 물리적으로 말할 힘이 별로 없다는 뜻입니다. 그리고 공부를 많이 하면 배가 금방 고파진다고 하는데, 진짜로 그런 것입니다. 공부는 말소리로 하는 것이기 때문입니다. 책을 볼 때 소리를 내지 않는 것처럼 착각하지만, 그렇지 않습니다. 책에 있는 글들을 속으로 열나게 소리 내며 공부를 하는 것입니다. 그러니 당연히 배가 더 고플 수밖에 없습니다. 가난할수록 학습 능력이 떨어진다고 하는데, 과학적으로도 당연한 결과입니다. 그러니 공부하는 애들에게 밥 가지고 장난치지 맙시다.

다시 한번 말씀드리는데, 소리도 에너지입니다.

모든(?) 물질은 부피와 질량을 가지고 있습니다. 그리고 질량은 에너지를 만드는 기본 요소입니다($E=mc^2$). 따라서 물질 속에 에너지가 잠재되어 있기 때문에, 그 속에는 소리도 늘 함께 잠재되어 있다고 말씀드릴 수 있는 것입니다. 또한, 모든 물질은 관성을 가지고 있습니다. 관성은 일종의 버릇 또는 습관이라고 할 수 있는데, 그대로 유지되고 싶은 항상성의 하나인 것입니다. 바로 이 항상성이 깨질 때 나는 사물의 외침이 곧 소리라고 말씀드릴 수 있을 것입니다.

그런데 관성이 깨지기 위해서는 자신의 고유한 운동상태를 파괴하는 외부의 힘이 있어야 합니다. 물론, 그 외부의 힘도 고유한 관성을 가지고 있기 때문에, 그 또한 자신의 관성이 파괴되는 것이라고 말씀드릴 수 있을 것입니다. 따라서 소리는 두 물체가 충돌(마찰)하여 서로의 관성이 깨질 때, 잠재되어 있던 각각의 소리 에너지가 튀어나와 마구 몸을 섞는 것이라고 말씀드릴 수도 있다는 것입니다.

부딪치면 소리가 납니다. 마찰도 부딪치는 것입니다. 바람이 풀잎을 흔드는 것도 부딪치는 것이고, 물이 계곡을 따라 흘러내려 가는 것도 매 순간 부딪치는 것입니다. 잔잔한 호수에 돌을 던지는 것도 부딪치는 것이고, 포크레인의 아주 시끄러운 악다구니도 기름이 타면서, 아니 터시면서 엔진을 비롯한 여러 기관이 마구 부딪치는 것이며, 그 악다구니로 4대 강을 온통 파헤쳐 놓는 것도 무지막지한 충돌 현상인 것입니다. 그래서 이런 삽질류의 소리는 가슴 찢어지게 아플 수밖에 없는 것입니다.

세상은 온통 소리입니다. 소리가 이미 있으므로 청각도 생겨난 것이겠지요. 우리의 귀에 다 들리지 않아서 그렇지 세상은 온통 소리, 즉 아우성들입니다. 바위는 바람을 맞아 소리가 나고, 비를 맞고도 소리가 납니다. 또한, 굴러떨어지는 돌을 맞아도 소리가 나고, 푸른 이끼가 마구 파고들 때도 간질간질한 소리를 우렁차게 냅니다. 우리의 귀에 다 들리지 않을 뿐입니다. 세상은 온통 소리이기 때문에, 또한 온통 부딪치는 세계라고 말씀드릴 수도 있다는 것입니다. 즉, 서로 다른 관성들의 충돌로 인해 터져 나오는 숱한 외침의 세계인 것입니다.

근데 세상엔 자음 소리만 있는 것 같습니다. 솔직히 모음 소리가 있는지 없는지 정확하게 알 수는 없는데요, 암튼, 인간을 제외한 세계에는 거의 자음 소리만 있는 것 같습니다. 물론, 동물 중에도 모음과 비슷한 소리를 내는 경우가 있겠지만, 인간에 비하면 아무것도 아닙니다. 그도 그럴 것이, 동물은 손이 아니라 거의 모든 걸 입으로 해결하기 때문에 사람만큼 말할 새가 없습니다. 그래서 음성기관이 사람만큼 발달할 수가 없는 것입니다.

바위는 바위 나름의 주파수를 가지고 있을 것입니다. 전혀 움직이지 않는 것처럼 보이지만, 수많은 힘에 의해 끊임없이 떨고 있는 것은 분명할 것이기 때문입니다. 그래서 바위는 침묵 같은 소리를 끊임없이 내고 있는 상태라고 할 수도 있을 것입니다. 그와 같은 상태에서 바람과 부딪치면 바람에 쓸려 ㅅ 소리가 많이 날 것이고, 흐르는 물과 부딪치면 물에 깎이면서 ㄹ 소리를 많이 만들어 낼 것입니다. 돌과 부딪치면 ㄷ이나 ㄱ 소리가 많이 날 것이고, 뜨거운 열에 부딪쳐 녹아 부글부글 끓으면 고유 주파수가 변하면서 ㅈ이나 ㄹ 소리도 만들어낼 것입니다. 그러나 아무리 들어봐도 모음 소리가 들리지는 않습니다. 입이 따로 없기 때문인 것 같습니다. 물체는 온몸이 입일 뿐 따로 입을 가지고 있지 않아 소리도 자음만 가지고 있는 것 같습니다.

자연의 wave(파동)는 참 부드러운 것 같습니다. 그들의 진동이 사납게 울려 퍼지지 않기 때문입니다. 물론, 천재지변이라고 하는 상태라면 달리 생각해 볼 수도 있겠지만 말입니다. 암튼, 너무너무 지나친 포크레인 같은 인위적인 악다구니에 비하면 그런대로 참 착한 소리인 것 같습니다.

포크레인 같은 소리는 결국 인간의 말소리(언어)가 만들어낸 소리입니다. 흙에서 철을 쏙쏙 뽑아내는 과정은 매우 오래된 인류의 역사입니다. 그 철을 어떻게 디자인하고 구조화해야 능률적일까 하고 연구하는 것은 물리학이나 시각 공업 디자인과 같은 학문의 영역이 포함되어야 합니다. 그리고 땅속에서 석유를 파내기 위해서는 수많은 자본주의적 심리학이 비탕이 되어야 합니다. 이처럼 포크레인은 인간의 언어에 의해서 만들어진 결과

물입니다. 따라서 당연히 인간의 언어가 착해야 포크레인 소리도 착해지는 것입니다.

물론, 인위적인 소리라고 해서 다 듣기 싫은 소리는 아닙니다. 피아노 선율이 진동하는 소리에서 어찌 이명박의 괴물 같은 포크레인 악다구니 소리가 날 수 있겠습니까? 꽹과리와 북을 두드리며 외치는 민중의 풀 같은 소리에서 어찌 저토록 처참한 쇳소리가 날 수 있겠습니까? 사람의 말이 낮고 차분해야, 우리가 만들어낸 수많은 기계적 자음들도 부드러운 웨이브로 더 덩실덩실 춤추며 세상에 울려 퍼질 것입니다.

그래야 소리의 충돌이 일어나도 많이 아프지는 않을 것입니다. 에너지는 순환하는 고유성을 가지고 있기 때문입니다.

아직도 '소리'라는 것이 무엇인지 가시 같은 느낌으로 다 다가오진 않습니다. 그래서 자꾸만 저도 말이 길어지고 어수선해지고 맙니다. 죄송합니다. 좀 더 차분하게 곰곰이 생각하면서, 진짜 '소리'라는 것이 무엇인지 느껴 가도록 노력하겠습니다. 8의 접근은 여기까지 하겠습니다.

음성 언어의
탄생 배경

　　"내 이성의 수직성을 걷어치우기가 만만찮다. 직립의 관성이 내 영혼까지 일자로 곧추세웠기 때문일 것이다." 이 내용은 예전에 쓴 「손에 장화 신고 엎드려 걸어보세요」라는 제목의 글의 맨 앞부분입니다. '언어'란 것이 무엇인지 하~도 심심해서 다시 한번 곰곰이 생각해 봅니다. 집중력이 떨어져 여러 가지 껄끄럽더래도 양해해주시기 바랍니다.

　　노엄 촘스키라고 하시는 선생께서 주장하시는 '언어'에 관련된 책들을 몇 권 읽은 바 있습니다. 제가 이해를 못 하는 측면이 있습니다만, 또 한편으론, 님께서 주장하시는 내용 중에 논리적으로 설명되지 않는 부분들도 꽤나 많지 않았던가 하고 판단해 보면서 저의 작은 생각을 말씀드립니다.

네 발 달린 동물 중에 두 다리로만 중력을 자유자재로 이용할 수 있는 동물이 우리 '인간'밖에 또 있겠는가 하고 생각해 봅니다. '손'이라고 말하는 그 두 개의 다리가 무엇을 상징하고 있는 것이라고 생각하십니까?

사람이나 일반 동물들이나 기본적으로 먹고살기 위해 무진장 애쓰는 것은 다 마찬가지 아니겠습니까? 그런데 소나 개나 돼지나 일반 동물들은 풀을 뜯어 먹더라도, 입으로 고기를 뜯어 먹더라도, 입으로 물을 마시려고 해도 오로지 입으로 할 수밖에 없지 않겠습니까? 소 밥 먹는 거 보신 적 있으실 것입니다. 또는 개나 고양이가 숟가락질 대신 혓바닥으로 걸신들린 듯 밥 먹는 것을 보신 적이 있으실 것입니다.

그렇습니다. 우리 인간도 두 손이 없다면 그들과 별반 다르지 않은 모습으로 밥을 먹고 물을 마실 수밖에 없을 것입니다. 그렇지 않겠습니까?

사자나 치타나 악어와 같은 동물들이 무서운 건 주로 발톱과 무시무시한 송곳니 때문이라고 말씀드릴 수 있을 것입니다. 소가 이들처럼 빛나는 송곳니를 가지고 있었다면 어찌 수천 년 동안 우리 인간과 더불어 살 수 있었겠습니까? 사자나 치타와 같은 동물들이 무서운 건 한 번 물면 숨통이 끊어질 때까지 놓지 않는 송곳니 때문일 것입니다. 만일 우리 인간의 두 손에 작살은 고사하고 작대기 하나라도 없다면 확률적으로 볼 때 거의 골로 갈 확

률이 높다고 말씀드릴 수 있지 않겠습니까? 우리 인류가 그 송곳니로부터 자유로울 수 있었던 것은 바로 두 손이 만들어낸 도구들 때문이라고 말씀드릴 수 있는 것입니다.

그래서 인류의 '손'은 '입'을 대신한다고 말씀드릴 수 있을 것입니다. 질기디질긴 가죽을 뜯느라 주둥이에 피를 묻힐 필요도 없고, 물을 마시려고 허리를 굽힐 필요도 없습니다. 그저 손이 차려준 음식을 투덜거리며 받아먹기만 하면 되는 것입니다.

그만큼 입의 역할이 매우 줄어들었다고 말씀드릴 수 있는데, 이것은 무척 심심한 일일 수도 있겠습니다만, 동시에 새로운 일을 도모할 가능성도 그만큼 커진다고 말씀드릴 수 있을 것입니다.

송아지가 태어나서 얼마 만에 설 수 있는지 아십니까? 몇십 분 또는 몇 시간이면 충분합니다. 그리고 하루 이틀이면 빨빨거리고 잘도 돌아다닙니다. 개나 고양이의 새끼도 우리 인간의 새끼에 비해 그다지 오래 걸리지는 않습니다. 그도 그럴 것이, 어찌 두 다리로 서기가 만만할 수 있겠습니까? 사다리도 지탱하지 않고서는 세울 수 없으며, 자전거도 속도가 0일 때 오래 지탱하기 어렵습니다. 하물며 축구선수들같이 자유자재로 두 다리를 이용할 수 있기까지는 얼마나 많은 시간이 필요하겠습니까?

아기가 태어나서 스스로 살 수 있기까지의 시간이 너무나 오래 걸린다고 생각하지 않습니까? 이들이 태어나서 할 수 있는 일이란 무엇이라고 생각하십니까? 소 새끼도 그렇고, 개 새끼도 그렇고,

암튼 새끼들은 살기 위해 죽으라고 울어대는 것뿐이지 않겠습니까? 하물며 우리 인간 새끼야 두어 말 해서 무엇하겠습니까?

간밤에 갓난애 우는 것 들어보신 적 있을 것입니다. 또는 버스나 지하철에서 아기가 심하게 우는 소리를 들어보신 적이 있을 것입니다. 가만 듣고 있기가 그리 쉬운 일만은 아닐 것입니다. 이토록 시도 때도 없이 울어대는 소리를 도대체 어찌하면 좋다는 것입니까? 배고픈 짐승들의 적나라한 표적이 될 수도 있지 않겠습니까?

여러 정황으로 볼 때, 우리 인류는 속에서 터져 나오는 소리를 통제할 필요성이 가장 높은 동물일 수밖에 없었겠구나 하는 생각이 들었던 것입니다. 심심하던 입이 신나게 가지고 놀 수 있는 장난감, 바로 이것이 '소리의 통제'로부터 태어난 '언어'가 아니었을까 하고도 곰곰이 생각해 봅니다.

가로로 난 입
드디어 벌어지다!

입은 가로로 찢어져 있습니다. 동물 중에 세로로 난 입을 가진 동물이 있는지는 잘 모르겠습니다만, 일반적으로 입은 가로로 나 있는 것 같습니다.

말을 하기 위해서는 바로 이 가로로 난 입이 상하좌우로 벌어지는 운동을 해야만 합니다.

자음은 ㅎ을 제외하고, 입술끼리 부딪치거나 혀와 입천장이 부딪치거나 혀뿌리가 목구멍을 꽉 틀어막거나 하는 것처럼, 적어도 마찰이 이루어져야만 만들어질 수 있습니다. 그러나 모음은 날숨이 마찰을 일으키지 않으면서 빠져나와야만 만들어질 수 있는데, 입의 벌어진 모양에 따라 ㅡ세 ㅏ, ㅓ, ㅗ, ㅣㅡ, ㅣ로 나누어집니다.

입을 가장 크게 벌린 상태로 소리를 내어 보세요. 그러면 어떤 소리를 낼 수 있나요? 아마도 당신은 '아' 소리밖에 낼 수 없다는 것을 알 수 있을 것입니다. 억지로 다른 소리를 내려고 해도 다른 소리를 낼 수 없을 것입니다. 이때 다소 답답함을 느낄지도 모르겠습니다. 그런데 이것은 우리나라 사람뿐만 아니라, 세계 어느 나라 사람도 이와 같은 입 모양으론 오직 '아' 소리밖에 낼 수 없으며, 심지어 동물조차도 마찬가지입니다.

여기서 잠시 주목해야 할 부분이 있습니다. 입을 가장 크게 벌린 상태에선 이빨이나 혀가 잘 보이지 않는 반면, 목젖은 매우 잘 드러난다는 것입니다. 그런데 이 목젖은 엄마의 젖꼭지를 꽤 닮기도 했지만, 또한 붓으로 점을 찍은 모양과도 매우 흡사합니다. 바로 이것이 아래 아(ㆍ)라고 하는 모음이 만들어진 원리라고 말씀드릴 수 있을 것입니다.

이번엔 'ㅓ' 모음을 생각해 보겠습니다. '어' 소리를 내기 위해서도, 다른 모음들에 비해 비교적 입을 크고 둥그렇게 벌려야만 소리를 낼 수 있습니다. 다만, '아' 소리를 낼 때의 입 모양과 몇 가지 차이점이 있다는 것을 말씀드립니다. 첫째 '아' 소리를 낼 때의 입이 '어' 소리를 낼 때의 입보다 더 크게 벌어진다는 것입니다. 둘째 '아' 소리를 낼 때는 구강구조가 전체적으로 밖으로 밀려 나오는 반면, '어' 소리를 낼 때는 아래턱 부분이 안쪽으로 당겨진다는 것입니다. 셋째 소리 자체에 있어서 '아' 소리보다 '어' 소리가 훨씬 더 부드럽다는 것입니다.

'아'와 '어' 소리는 입이 좌우로 벌어지는 성질보다 상하로 벌어지는 성질에 의해 결정된다는 것을 알 수 있습니다. 입을 크게 벌려 보면 좌우로 벌어지지는 않고 상하로 벌어진다는 것을 알 수 있기 때문입니다. 따라서 세로 선 ㅣ에 아래아(·)가 붙어 ㅏ 모음과 ㅓ 모음을 만든 것이라고 말씀드릴 수 있다는 것입니다. 점이 오른쪽으로 붙으면 ㅏ가 돼도 왼쪽으로 붙으면 ㅓ가 되는 이유에 대해서는 굳이 설명하지 않아도 충분히 짐작하실 수 있다고 생각합니다.

이제 입술을 작게 모아 내민 형태로 소리를 내어 보세요. 한여름 쭈쭈바를 빨듯이 말이에요. 그러면 '우' 소리밖에 낼 수 없다는 사실을 금방 알 수 있을 것입니다. 침팬지가 주둥이를 내밀고 '우우우' 하며 소리치는 것처럼 말입니다. 그렇지 않나요? 자, 그렇다면 입술을 작게 모아 오므린 형태로는 '오' 소리밖에 낼 수 없다는 사실을 쉽게 알 수 있겠지요?

그런데 '오'와 '우' 소리를 낼 때는 입이 상하로 벌어지지 않습니다. 가운데로 점처럼 작게 모이지요. 다시 말해, 입이 가로축으로만 움직인다는 것입니다. 따라서 가로선 ㅡ에 아래 아(점)가 위아래로 붙으면서 ㅗ와 ㅜ 모음이 만들어진다는 것을 알 수 있을 것입니다.

요즘 상당히 춥지요? 추울 때 덜덜 떠는 소리를 '으으으'라고 표현할 수 있을지 모르겠는데요, 암튼 이번엔 '으으으' 하고 소리를 내 보세요. 그러면 입이 입보다 더 가로로 벌어진다는 것을 알 수 있을 것입니다. 물론, 상하로도 벌어지기는 합니다만, 아주 작게 벌어질 뿐입니다. 따라서 '으' 소리는 상하로 벌어지는 성질보다 좌우로 벌어지는 성질에 의해 결정된다고 말씀드릴 수 있습니다. 개가 '으르렁'거릴 때, 가만 살펴보면, 개의 입도 상하보다는 좌우로 벌어진다는 것을 알 수 있을 것입니다. 이와 같은 입 모양을 도형으로 표현하자면 폭이 매우 작은 타원형 모양이라고 말씀드릴 수도 있겠네요.

'으' 소리가 입의 좌우로 벌어지는 성질에 의해 결정된다고 한다면 '이' 소리는 좌우로 벌어지는 성질뿐만 아니라, 상하로 벌어지는 성질도 동시에 영향을 미친다고 말씀드릴 수 있습니다. '으' 소리를 낼 때는 주로 아랫입술이 좌우로 벌어지기 때문에 당연히 아래 이빨이 잘 드러납니다만, '이' 소리를 낼 때는 위아래 입술이 동시에 상하좌우로 벌어지기 때문에, 위아래 이빨이 다 잘 드러나는 차이가 있습니다. 그래서 '이' 소리를 낼 때의 입 모양은 폭이 좀 더 큰 타원형 모양이라고 말씀드릴 수 있습니다.

위의 내용을 모아 모아 종합적으로 곰곰 따져보면, 한글 모음 기호는 입의 벌어진 모양을 단순화한 것으로 생각해 볼 수도 있을 것입니다.

또한, 다시 한번 말씀드리지만, 위와 같은 규칙은 세계 어느 나라 사람에게나 공통으로 적용될 수밖에 없다는 것입니다.

자! 이만하면 우리나라 한글 생각하면 생각할수록 진짜로 너무너무 너무 멋지지 않습니까?

가장 낮은 자세
가장 높은 소리
아래아 (·)

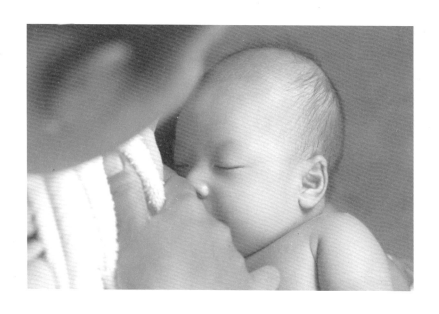

나는 아래 아가 좋다. 낮아서, 낮아서 좋다. 다른 소리들

기 안죽게 소리 없이, 소리 없이 낮아지는 아래 아, 아기 똥구멍 같

기도 하고, 엄마 젖꼭지 같기도 한 아래 아는 간지러운 아지랑이 하품할 때 잘 보이는 목젖도 닮았다. 어떤 사람들은 하늘 아라고 부르지만, 점이 너무 높으면 아찔할 것 같아서 나는 좀 싫다.

아래 아는 마침표도 닮았다. 소리를 하되 낮고 차분하게 끝마치라는 뜻이리라. 그래야 점잖게 다시 말을 시작할 수 있는 것이라고 살짝 윙크를 날려주는 것이다.

점은 점점, 점점점 가는 것이다. 세상은 그렇게 이루어진 것이다. 엄마의 젖꼭지를 빨아야 아이가 어른이 되는 것처럼, 세상도 점을 먹고 점점 자라나는 것이다. 깨알 같이 생겼어도 점은 모든 걸 이루는 어머니와 같다. 혹자는 대폭발도 점이 터진 거라고 하던데, 씨가 틔어야 생명이 되고, 생명이 분해되어 다시 점으로 돌아가듯이, 점은 마침과 시작의 영원한 순환인지도 모른다.

소리, 소리도 그렇다. 젖 달라고 울어대는 갓난아이의 우렁찬 소리, 그 소리가 바로 말의 시작이다. 단순하지만 강렬한 소리로 생을 시작하고 있는 것, 아래 아는 바로 그 본능의 소리를 절제하라는 작고도 따끔한 어머니의 가르침인 것이다. 낮게 절제하며 살아가는 것, 그것이 생의 최고 지혜라고 외치는 점 같은 침묵이 바로 아래 아인 것이다.

목구멍에 손가락을 집어넣고 목젖을 건드릴 수 있는가? 아마 닿기도 전에 헛구역질이 나오고 말 것이다. 모든 소리 한가운데 앉아 소리의 젖을 물려주는 아래 아, 누가 함부로 침범할 수 있겠는가?

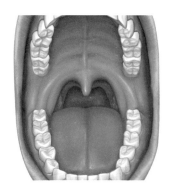

　버리는 것, 버려서 낮아지는 것, 그렇게 점같이 살아가는 것,
나는 이것이 아래 아의 진짜 이치라고 생각한다.

　그래서 나는 아래아가 좋다. 하늘보다 한참이나 낮아서 좋고,
말보다 더 아래에 무언처럼 있어서 참 좋다. 어머니의 젖꼭지 같
은 희생이 좋고, 마침과 시작을 이어주는 점, 점이라서 나는 아
래 아가 너무너무 좋다.

　아래 아는 가장 낮은 자세, 가장 높은 소리다.

합리적인
한글 자모의 배치?

1. 한글 모음의 순서 배치
[·,], —, ㅏ, ㅑ, ㅓ, ㅕ, ㅗ, ㅛ, ㅜ, ㅠ]

먼저, 한글 모음에서 아래 아(·)가 빠져서는 안된다고 생각합니다. 아래 아(·)가 빠지면 모음이 만들어지는 원리를 논리적으로 설명할 수 없기 때문입니다.

아래 아(·) 소리는 기본적으로 여러 모음의 중간 소리에 해당하는 소리인 것 같습니다. 그래서 다른 모음들과 함께 어울릴 때 자연스럽게 동화가 일어나, 자신의 소리(·)를 잃어버리는 것 같습니다. 아래 아(·)의 어머니와 같은 희생정신을 엿볼 수 있는 대목이라고 할 수 있을 것입니다.

물론 아직도 제주도 방언 등에 그 쓰임이 남아 있다고 하는데
요, 일반적으로는 다소 모호하게 나타나는 소리인 것 같습니다.
그러나 아래 아(·) 소리가 잘 나타나지 않는다고 해서, 그 상징
적 가치까지 사라질 수는 없습니다. 다시 한 번 말씀드리지만, 아
래 아(·)가 없이는 그 어떤 모음도 논리적으로 설명될 수가 없기
때문입니다.

위의 한글 모음 배치는 매우 합리적이라고 생각합니다. 아래
아(·)를 ㅣ와 ㅡ의 상하좌우로 배치하기만 하면 매우 손쉽게 기
타의 모음들을 만들어낼 수 있기 때문입니다.

2. 한글 자음의 순서 배치
['ㅇ(이응), ㆆ(여린 히읗), ㅎ', 'ㄱ, ㅋ', 'ㄴ, ㄷ, ㅌ',
'ㅅ, ㅈ, ㅊ', 'ㅁ, ㅂ, ㅍ', 'ㄹ, ㅇ']

기존의 한글 자음의 배치는

[ㄱ, ㄴ, ㄷ, ㄹ, ㅁ, ㅂ, ㅅ, ㅇ, ㅈ, ㅊ, ㅋ, ㅌ, ㅍ, ㅎ]

과 같이 이루어져 있습니다. 하도 달달 외워서 자연스럽게 느껴집
니다만, 그러나 결코 논리 정연한 배치라고 말할 수는 없을 것 같

습니다. 음성기관이 목구멍에서 혀로 갔다가 입술로 가서 다시 목구멍으로 갔다가 하는 식으로 배치되어 있기 때문입니다.

그래서 좀 더 합리적인 한글 자음의 배치가 필요하지 않을까 하고 생각하여,

[ˈㅇ(이응), ㆆ(여린 히읗), ㅎˈ, ˈㄱ, ㅋˈ, ˈㄴ, ㄷ, ㅌˈ, ˈㅅ, ㅈ, ㅊˈ, ˈㅁ, ㅂ, ㅍˈ, ˈㄹ, ㅇ]

과 같이 배열해 본 것입니다.

ㄱ과 ㅋ은 혀뿌리가 목구멍을 막았다가 열면서 만들어지는 소리입니다. 그리고 ㄱ에 ㅎ을 더하면 ㅋ이 됩니다.

ㄴ, ㄷ, ㅌ은 혀가 입천장에 붙었다 떨어지면서 나는 소리인데, 점점 강해집니다. 여기서도 ㄷ에 ㅎ을 첨가하면 ㅌ이 된다는 것을 알 수 있습니다.

ㅅ, ㅈ, ㅊ은 혀와 입천장 사이에서 공기가 마찰을 일으키며 만들어지는 소리입니다. 물론, 점점 강해지는 소리이며, 마찬가지로 ㅈ에 ㅎ이 가미되면 ㅊ이 됩니다.

ㅁ, ㅂ, ㅍ에 대해서는 굳이 말씀드리지 않아도 잘 아실 것입니다. 다만, 여기서도 'ㅂ+ㅎ=ㅍ'이라는 공식이 적용된다는 것을 말씀드립니다.

전체적으로 목구멍 안쪽에서 혀로, 혀에서 입술로 나오도록

배치해 봤고요, 다만 ㄹ과 ㅇ은 따로 분리했습니다. 논리적으로도 그렇고, 기호의 모양상으로도 기존의 배열 방식보다는 인식하기가 좀 더 쉬워 보인다고 생각하는데, 여러분의 생각은 어떠하십니까?

ㄱ과 ㅋ 사이에
중간소리가 없는 이유

1. ㄱ과 ㅋ 사이에
   중간 소리가 없는 이유는 이렇습니다.

　　'ㄴ, ㅅ, ㅁ'은 혀와 입술을 이용하여 만들어지는데, 혀와 입술의 움직임은 비교적 세세하고 자연스럽게 움직일 수 있는 데 비해, 'ㄱ, ㅋ'을 만드는 혀뿌리는 그렇게 세세하게 움직일 수가 없습니다. 그래서 'ㄷ, ㅈ, ㅂ'과 같은 중간 소리를 만들어낼 수 없습니다.

　　후음(목구멍소리) 'ㅇ, ㆆ, ㅎ, ㆅ'에서 ㅇ(초성)과 ㅎ만 살아남은 이유도 목구멍을 빠져나오는 공기(날숨)의 양을 세세하게 조절하기가 매우 어렵기 때문입니다.

2. 초성으로 쓰이는 ㅇ은
종성으로 쓰이는 ㅇ과 다릅니다.

초성 ㅇ은 혀나 입술과 같은 장애물과 부딪치지 않고 내부의 공기가 입 밖으로 빠져나와야 'ㅏ, ㅑ, ㅓ, ㅕ, ㅗ, ㅛ, ㅜ, ㅠ, ㅡ, ㅣ'라고 하는 모음이 만들어진다는 것을 나타내 주는 기호입니다. 다시 말해, 목구멍 맨 안쪽에서부터 입술 밖까지 아무것도 닿지 않는 공기의 흐름을 나타내 주는 기호라고 말할 수 있다는 것입니다.

따라서 거의 들리지 않는 일반적인 공기의 흐름소리 'ㅇ'에 'ㅏ' 소리가 결합하여 '아'가 되는 것입니다. 그리고 많은 양의 공기 흐름소리 'ㅎ'과 'ㅏ'가 결합하여 '하' 소리가 되는 것입니다.

종성 ㅇ은 콧구멍에서 울리는 소리에 가깝습니다. 콧구멍을 꽉 막고 소리를 내어 보면 강, 낭, 당, 항 등과 같이 종성에 ㅇ이 붙은 소리를 잘 낼 수 없기 때문입니다.

따라서 초성으로 쓰이는 ㅇ은 공기 흐름의 양에 따라 결정되는 소리이고, 종성으로 쓰이는 ㅇ은 그 소리가 어디에서 울리는가에 따라 결정되는 소리입니다.

3. 'ㄴ, ㅁ, ㅇ'이 종성으로 쓰이면 그 소리가 울립니다.

그래서 코를 꽉 막고 소리를 내면 그 소리가 끝까지 울리지 못해 소리가 정확하게 만들어지지 않습니다. 코를 꽉 막고 '나'와 '난', '마'와 '맘', '아'와 '앙' 소리를 내어 보면 쉽게 구분할 수 있을 것입니다.

물론 'ㄹ'도 종성으로 쓰이면, 그 소리가 울리는데, 'ㄴ, ㅁ, ㅇ'과 달리 콧구멍에서 울리는 것이 아니라, 성대 아랫부분에서 울립니다. 그래서 코를 막아도 ㄹ 소리를 정확하게 낼 수 있습니다.

한글 모음이 천지인!
진짜요?

저는 한글 모음이 천지인을 본떠 만들어진 글자가 아니라고 판단하고 있습니다.

한글 모음이 천지인을 본떠 만들었다고 했을 때 음성학적으로 한글을 논리정연하게 설명할 수가 없습니다. 자음이 음성기관을 본뜬 글자라고 한다면 당연히 모음도 음성기관을 본떠 만드는 것이 논리적으로 타당합니다.

훈민정음 해례본은 1940년에 발견된 것입니다. 그리고 그것은 세종께서 직접 쓰신 것이 아니라, 당시의 성리학자들께서 쓰셨거나 후대의 사람들에 의해 쓰였을 가능성이 큽니다. 매우 과학적이고 논리적으로 글자를 만드신 세종대왕께서 자음을 형성해 가는 과정과 매우 다른 방식으로 모음을 만드셨다고 할 만한 근거가 없습니다. 따라서 한글 모음이 반드시 천지인을 본떠 만든 것이라고 말할 수는 없습니다.

기본적으로 음성 언어에 대한 한글 기호가 갖추고 있는 여러 특성을 고려할 때 모음의 기호를 천지인이라고 하는 다소 현학적인 형상을 본떴다는 것은 논리적으로 이치에 맞지 않습니다. 음성 언어는 발성 기관의 움직임을 통해 만들어지는 것이고, 바로 그것을 본뜬 글자가 한글인데, 모음만 따로 떼서 하늘과 땅과 사람의 형상을 본떠 만들었다고 하는 것은 도저히 이해할 수 없는 것입니다.

제가 주장하는 내용과 기존의 내용을 과학적 음성학적으로 얼마든지 비교해 볼 수 있을 것입니다. 그렇게까지 하실 필요도 없이, 아이들과 한글 모음에 대한 여러 실험을 해보시면 어느 내용이 한글 기호가 가지고 있는 특성에 더 합리적인 것인지 분명하게 드러날 것입니다.

저는 기존이 제시하고 있는 답에 대해 강력하게 의문을 던지고 있는 것입니다. 당신들이 답이라고 주장하는 것에 대해 자신 있게 세계를 이해시킬 수 있는가(?) 하고 말입니다.

물론, 저 역시 아직은 어렵습니다. 그래서 더 많은 분들과 함께 터놓고 한글에 관한 연구를 해보는 것이 어떨까 하고 깊이 생각해 보는 것입니다.

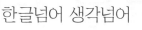

제2장
곰곰이 생각해 보기

축사를 엎드려 걸어보세요

내 이성의 수직성을 걷어치우기가 만만찮다. 직립의 관성이
내 영혼까지 일자로 곧추세웠기 때문일 것이다. 젖소 농가를 다

니다 보면 발톱이 자라 마치 장화를 신고 다니는 듯한 녀석들을 발견할 수가 있다. 이것은 콘크리트 바닥으로 되어 있는 좁은 축사 안에서 여럿이 오랫동안 생활하다 보니 닳아야 할 발톱이 닳지 않아 길게 자란 발톱에 소똥이 더덕더덕 달라붙음으로써 조형된 모양이다. 반 톤이 훨씬 넘게 나가는 덩치가 마치 장화를 신고 다니는 듯한 광경을 보기라도 하면 측은한 맘이 들기에 앞서 무척 개그스럽기도 하다. 여기서 가끔은 정신의 비약이 발동하기도 한다. 세상 모든 사람이 두 발과 두 손에 장화를 신고 엎드려 다니는 상상을 해 보기도 하는 것이다. 요즘 어떤 광고에서도 사람이 개보다도 더욱 리얼리티하게 썰매를 끄는 장면이 나오기도 하던데, 발상의 전환에서 나온 코믹한 아이디어가 한편으론 참으로 그럴 듯하다고 여겨지기도 한다. 어쩌면 이것은 정말 그랬을지도 모른다는 생각이 마치 진화처럼 밀려오기도 하기 때문일 것이다.

그러나 장화를 신은 듯 질퍽한 축사를 걸어 다니는 녀석들로 선, 이것은 결코 개그가 아니라 괴로움이다. 소들은 인간과 같이 한 자리에 똥을 놓고 물을 내리는 방식을 알지 못한다. 그저 자연이 맛있게 정화해주기를 바라며 한때를 기다리는 습성을 가지고 있을 뿐이다. 물론, 이들이 자신들이 싼 똥 위에서 불편한 잠을 청할 수밖에 없는 이유를 굳이 자본주의의 이기까지 끌어 올릴 필요가 무에 있겠는가마는, 직접 내 손에 장화를 끼우고 질퍽

한 축사를 다녀보면 그것이 얼마나 괴로운 일인지 냉큼 알 수도 있을 것이다.

그래서 보통은 연중 봄과 가을 즈음 두 번 정도는 발톱을 깎아주는 것이 좋다고 하는데, 사람들 손톱 깎는 것처럼 그리 쉬운 일이 아니다. 그래서 소 발톱만 전문으로 깎는 사람들이 있는데 한 번쯤 볼만한 광경이라고도 생각한다. 참고로, 한 마리 발톱 깎는 데 2만 원이 든다는 것을 알아두는 것도 좋을 것 같다.

장화를 신은 듯한 녀석들은 발이 상할 가능성이 매우 크다. 물론, 이것은 도태로 가는 첩경이 되기도 한다. 걷기가 힘들다 보니 다른 녀석들에게 치여 양껏 밥을 먹기도 어렵고, 그것은 곧 우유 생산량의 감소로 나타나기 때문에 농가 이익에 직접 영향을 미치게 된다. 또한, 육중한 몸무게를 일으켜 세우기가 힘들어서 한 번 주저앉으면 다음 착유 시간까지 그대로 앉아 있다가 주인이 휘두르는 회초리에 엉덩이라도 서너 번 두들겨 맞아야 억지로 일어나는 경우가 대부분이다. 그만큼 이들에겐 젖꼭지의 세균 감염 비율이 높아 세균성 유방염을 자주 발생시키기도 한다. 그런데 이 세균성 유방염은 다른 녀석들에게까지 감염시킬 수 있으므로 도태 처리 1순위로 꼽는데도 주저할 이유가 별로 없게 되는 것이다.

이들에게 발톱은 닳아야 하는 것이다. 닳지 않으면 우스워지기도 하고, 또한 인간의 눈 밖에 나기도 하는 것이다. 닳고 닳는다는 것이 역동적인 생의 미학이라고 한다면 이들에게도 사뿐히 적용되었으면 하는 마음이 오히려 번거로운 것일까?

만일 내 이성의 수직성이 본질적으로 직립의 관성으로부터 비롯된 것이라고 한다면 그것은 곧 닿지 않는 두 손에 의해 빚어진 것이라고 말할 수도 있을 것이다. 내가 닿지 않는 두 손에 대해 곰곰이 생각해 보는 것은 혹 우리도 모르는 사이에 길게 자란 손톱으로 마구 하늘을 긁어 파고 있는 것은 아닌가 하고 때론 생각해 보기 때문이다.

세상 사람들 전부 다 네 다리로 기어 다니기를 바라지 않는다. 다만, 손톱 같은 영혼이 하늘로만 치닫기를 경계하는 것이며, 땅을 아끼고 늘 감사하는 마음으로 살 줄 아는 농부의 닳디 닳은 손 같아지기를 또한 나 자신부터도 간절히 바라보는 것이다.

콩 같은 자세

태아의 자세를 무슨 자세라고 말할 수 있을까요? 글쎄요. 개구리 폴짝 뛰려는 순간의 자세와도 다소 닮은 것 같기도 한데요, 한편 쭈그려 앉아 맛나게 담배 한 대 피우면서 볼일 보는 제 자세

와도 조금은 닮은 것 같네요.

　이 자세는 부피를 최소화할 수 있는 자세 같아요. 그래서 응축된 자세라고도 말씀드릴 수 있을 것 같은데요, 가을 운동회 100m 달리기 출발선에 있었던 그 조마조마한 꼬마를 생각해 보면 이 자세는 그런대로 최대 순간 속도를 낼 수 있는 자세 같기도 해요. 그리고요, 몸도 춥고 맘도 추워 대(大) 자로 쭉 뻗어 자기가 영 불편했던 고시원 쪽방의 모로 누운 그 친구를 생각해 보면, 이 자세는 또한 보온(保溫)의 자세라고 말할 수도 있을 것 같네요.

　가만 잘 봐보세요. 마치 콩 같은 자세 같기도 하지 않은가요? 콩이란 말은 공(孔)이란 말에서 유래되었다고도 하는데요, 콩 꼬투리의 위아래에 구멍이 나 있기 때문이라고 해요. 태아에게 숨구멍이 나 있는 것과 비슷하다고 말씀드릴 수도 있을 것 같아요. 말이 나온 김에요, 콩은 다른 곡식에 비해 중화작용을 매우 잘 해주는 곡식이라고 하구요, 그래서 인스턴트의 독성을 풀어 피

를 맑게 해 준다네요. 그리고 태평성대(太平聖大)라는 말에서 태(太) 자는 큰 대(大) 자에 콩이 하나 붙어 만들어진 글자라고 하는데요, 그리고 보면 콩이란 곡식 참 대단하지 않은가요? 아무튼요, 콩 같은 자세라면 우리가 좋아하는 축구공 할 때의 공 같은 자세라고 말할 수도 있을 거예요. 왜냐면 축구공도 바람 넣고 빠지는 구녕이 당연히 있고요, 태아의 자세를 보드래도 공같이 또는 알같이 잘 굴러갈 수 있는 자세라고 말할 수도 있을 것 같으니까요.

이 글을 쓰면서 딱히 뭐라고 주장할 만한 것은 없어요. 그저 태아의 자세만을 곰곰이 생각해 보는 건데요, 그러다 보니 당연히 핵의 심이 없는 것 같아요. 서툴러도 이해해 주시면 감사하겠습니다. 혹 담에 수정을 하게 되면 좀 더 곰곰 생각해 볼게요.

마지막으로, 이 자세는 또한 무지무지 고민하는 자세 같지도 않은가요?

왜 고개를 숙이는가?

예를 지키는 방식에도 여러 가지가 있겠습니다만, 왜 허리를 굽히고 머리를 숙이는 행위가 예를 지키는 하나의 대표적인 양식에 되었는가에 대해 다소 곰곰이 생각해 본 적이 있습니

다. 허리를 굽히고 머리를 숙이는 행위는 상대방을 바라보는 시선, 즉 마주 보는 눈의 높이를 낮추기 위한 행위라고 생각해 볼 수도 있을 것입니다. 사람이 사람의 눈동자를 빤히 들여다본다는 것이 마음먹지 않고서는 그리 쉬운 일이 아닌 것 같습니다. 왜 그런지는 저도 잘 모르겠습니다만, 인류 역사의 '서열성'이란 성질도 한 몫을 차지한 것은 아닐까 하고 생각해 봅니다. 암튼 상대방을 빤히 바라본다는 것이 예의에 어긋난 행위라고 생각했기 때문에, 그 시선을 피하려고 머리를 (옆으로 또는 뒤로 돌리기는 그렇고) 아래로 향하게 된 것은 아닐까 하고 생각해 봅니다.

언젠가 일본 고이즈미 총리라고 하는 사람이 신사라는 곳에서 절을 하는 장면을 본 적이 있는데, 그 모습이 하도 절도 있는 모습이랄까 하는 느낌이 들기도 했습니다. 그래서 즈음에 다음과 같은 글을 쓴 적이 있었지요.

"안녕하세요? 고이즈미 준이치로님! 저는 님께서 절하는 장면을 여러 번 보았습니다. 아니, 어쩜 저토록 절도가 있을까 하고 생각해 보지 않을 수가 없더구면요. 형님 하면서 90도 허리꺾기 절을 하는, 조폭같이 천하지 않으면서도 절도 있는 모습이랄까요. 그리하여 어찌 절에 대해 곰곰 생각해 보지 않을 수가 있겠습니까? 혹 소 축사에 가보신 적 있습니까? 가서 그들과 눈 한 번 딱 마주쳐 본 적이 있습니까? 저는 놈들과 눈 한 번 마주치려고 해도 놈들이 하도 고개를 숙이는 바람에 좀처럼 마주치지 못하고 돌아오곤 하는데 말입니다. 아무리 생각해도 절은 소의 눈 내리기를 본뜬 것이 아닐까 하고도 곰곰이 생각해 봅니다. 인도에서는 '소'라는 동물을 어찌한다고도 하는데, 절에서도 스님들 무르팍 까지는 것도 마다치 않고 종일 절을 하지 않습니까? 이참에 소들이 눈 내리는 성질과 님이 신사라는 곳에 절도 있게 절하는 성질에 대해 곰곰이 생각해 보렵니다."

위의 글을 쓸 때 처음엔 진짜 그럴지도 모르겠다고 생각했습니다. 우선 시각적으로 볼 때, 소가 머리를 아래로 향하고 있는 모습과 사람이 인사를 하는 모습이 상당히 비슷하다고 느꼈기 때문입니다. 또한, 소가 앉았다 일어섰다 하는 모습을 보면 마치 사람이 큰절을 하는 모습과도 꽤 비슷하구나 하고 생각했기 때문입니다. 이렇게 느낀 상태에서, 우리 인간과 가장 오랫동안 함께 살아온 동물 중의 하나가 바로 소라고 생각을 했던 것입니다. 몇십 년 함께 사는 부부도 서로 닮아간다고 하는데, 수천 년 동안 함께 어울려 살다 보면 사람이고, 짐승이고를 떠나 서로 닮지 않겠는가 하는 생각이었던 것입니다. 가장 오래된 가축 중의 하나가 개라고 하는데요, 개와 인간 사이에 오가는 그 수많은 비유를 통해서도 알 수 있는 것처럼, 사람과 소의 관계에서도 때려야 뗄 수 없는 언어들이 반드시 존재한다고 말씀드릴 수 있을 것입니다.

어느 논문이나 책에 나와 있는지는 잘 모르겠습니다만, 절(사찰)을 왜 절이라고 하는지 아무리 생각해 봐도 말 그대로 절을 아주 많이 하기 때문에 절이라고 부른 것이 아닐까 하고 생각해 봅니다. 합장하고 반 배 하는 것에서부터 삼 배 백팔 배, 심지어는 만 배에 이르기까지 말입니다. 저는 개인적으로 삼천 배까지 해봤는데요, 생각하면 아직도 무르팍이 시큰거리는 것 같습니다.

불교에서 '절'의 의미는 기본적으로 자신의 몸과 마음을 낮춘다는 의미가 있습니다. 그리고 절에 가서 불당의 벽화를 보면 소 등에 올라타 풀피리를 불고 있는 동자의 그림을 종종 볼 수 있습니다. 덩치도 큰 녀석이 풀만 뜯어 먹고 살면서도 인간에게 순종하는 낮은 모습이 잘 나타난 그림이 아닌가 하고 생각해 보는데, 이것은 불교와 소의 때려야 뗄 수 없는 관계를 나타내주는 하나의 예라고도 말씀드릴 수 있을 것 같습니다.

그래서 처음엔 그럴지도 모르겠다고 생각하기도 했는데, 일본 고이즈미 총리라고 하시는 분이 신사인가 뭔가 하는 무신 신을 모시고 있다 하는 곳에서 절도 있게 절을 하는 장면을 보니, '저 사람은 진정 무엇을 향해 머리를 숙이는가?' 하고 곰곰 생각해 보지 않을 수가 없었던 것입니다.

소가 머리를 숙이는 것은 풀을 뜯어 먹고 물을 마시기 위해서입니다. 또한, 머리 싸움할 때 머리가 높으면 높을수록 불리할 수밖에 없기 때문이기도 합니다. 낮은 자세로 파고들수록 머리로 떠받는 힘이 세지고 안정적이기 때문이란 것입니다. 어쩌면 우리 사람들이 절을 하는 것도 이와 유사한 맥락에서 유전화되었는지도 모르겠습니다만, 암튼 소들의 눈 내리기에서 분노가 촉발되지는 않습니다.

그런데 그대의 절도 있는 절이 다른 많은 사람들에게 분노를 일으키게 하는 것이라고 한다면, 어찌 그것이 한 인간으로서 진정 낮아지기 위한 행위라 볼 수 있겠습니까?

그대는 진정 무엇에 고개를 숙이는 것입니까?

만세 자세

태아의 자세를 콩 같은 자세라고 생각한 적이 있습니
다. 그래서 이번엔 이 자세와 다소 상반되는 듯한 자세를 생각해

보려고 합니다.

글쎄 뭐랄까, 일종의 만세 자세 또는 대(大) 자 형태의 자세라고 말씀드릴 수 있을 것 같습니다. 이 자세는 사지를 최대한 쫙 펼친 상태의 자세라고 할 수 있는데, 우리의 신체가 가장 크게 보일 수 있는, 그래서 가장 위협적으로 보일 수 있는 모습에서 유전화된 자세라고 말씀드릴 수 있을 것입니다. 2002년 월드컵 때 히딩크 감독처럼 주먹을 불끈 쥐고 어퍼컷을 날리는 사람도 있고, 반지에 키스하는 사람도 있지만, 보통은 자기도 모르게 두 팔을 번쩍 들어 올려 있는 힘껏 소리치는 경우가 대부분이란 사실을 알 수 있기 때문입니다. 보란 듯이, 보란듯이 말입니다.

그렇다면 이 자세는 승리의 기쁨을 만끽하는 순간 모종의 유전물질(호르몬)에 의해 저절로 저절로 만들어지는 자세라고 말씀드릴 수 있을 것입니다. 보란듯이, 보란듯이 말입니다.

인간은
왜 웃는 것일까?

부시가 이라크를 침공하고, 그런 가운데 각종 매스컴에 나와

승리를 자신하며 웃고 있는 모습을 보았을 때, 그 웃음이 어찌나

거만하게 느껴지던지, 하나님 다음으로 높다고 생각하는 것은
아닐까 하는 생각이 들기도 했습니다.

그래서 도대체 '인간은 왜 웃는 것일까?' 하고 곰곰이 생각해
보지 않을 수가 없었던 것입니다.

많은 철학자들이 우월감 때문에 웃는다고 생각하는 모양입
니다. 다시 말씀드려 남들이 실수했거나 뭔가 모자란 듯한 행동
을 했을 때 자기도 모르게 웃고 만다는 것인 것 같습니다. 상당
히 일리 있는 말이라고 생각합니다. 폭소클럽에서 블랑카가 사
람들한테 하는 이야기들이 진짜로 웃을 만한 내용인가를 좀 더
곰곰이 생각해 보면 꼭 그렇지만은 않지 않겠습니까? 그런데도
왜 사람들은 자기도 모르게 마구 웃음이 터져 나오고 마는 것일
까요? 마치 내 의지와는 별로 상관도 없는 것처럼 말입니다. 그러
나 만일 미국이나 일본의 개그맨이 우리나라 사람을 대상으로
하여 그런 식으로 웃긴다면 우리는 블랑카를 보고 웃는 것처럼
그렇게 웃을 수 있겠습니까?

웃음은 생리학적으로 유전화되었을 가능성이 매우 큰 것 같
습니다. 웃으면 엔도르핀인가 하는 호르몬이 분비되어 기분을 더
욱 좋게 만든다고 합니다. 따라서 이것은 일종의 진통제 또는 마
취제 역할을 하는 호르몬이라고 말할 수도 있을 것 같은데요, 바
로 여기서 웃음이 나오는 근본적인 이유를 발견할 수 있을 것 같
다는 생각이 듭니다. 일반적으로 진통제를 맞는 이유는 당연히

어딘가가 고통스럽기 때문이라고 말씀드릴 수 있기 때문에, 따라서 웃음을 통해 엔도르핀을 분비하는 것도 본질적으로 어딘가가 고통스럽기 때문일 것으로 생각해 볼 수도 있겠다는 것입니다. 물론, 여기서 말하는 '고통'이란 것은 감각적인 고통이 아니라, 이성적(정신적) 작용에 의한 고통이라고 말씀드릴 수 있을 것입니다. 손가락이 가시에 찔리면 신경계를 통해 아프다고 곧바로 두뇌에 전달될 것입니다. 그리고 나서 그에 따른 적절한 대응을 두뇌는 명령하게 될 것입니다. 웃는다는 것도 이와 유사한 메커니즘이 아닐까 하고 생각해 봅니다. 만일 전혀 예상치 못했던 말을 듣거나 그런 행동을 보았을 때 두뇌는 마치 가시에 찔린 것처럼 직접 크고 작은 충격(자극)을 받을 수밖에 없을 것입니다. 그리고 그 충격에 의해 순간적으로 혼란스러워질 수밖에 없을 것입니다. 이와 같은 혼란 상태를 보다 안정되게 하려고 두뇌는 의식보다도 한 수 빠르게 엔도르핀을 내보내라고 명령하는 것은 아닌가 하고 생각해 볼 수도 있을 것이기 때문입니다.

'저 사람은 그러지 않을 거야.'라고 보통 생각해 왔는데, 그런 사람에게서 갑자기 전혀 다른 또는 뜻밖(두뇌 속에 내재한 의미를 벗어난)의 모습을 보게 되면 두뇌는 순간적으로 혼란스러워지고, 그것이 여러 가지 심리로 나타나게 되는데, 새로움에 대한 신선한 느낌이 들 수도 있고, 또는 아주 어처구니없는 느낌을 받을 수도 있을 것입니다. 물론 신선하냐, 아니면 어처구니없냐 하는 것은 대상과 대상과의 감정적 관계에 의해 결정되는 경우가 많겠습니다만, 어느 쪽이든 공통으로 '웃음'이 발생할 가능성이 매우 크다고 말씀드릴 수 있을 것입니다. 개그콘서트나 웃찾사와 같은 개그 프로그램을 보면서 신나게 웃는 것도 본질에서 두뇌가 정신적인 혼란 상태를 매 순간순간 완화시키기 위해 반사적으로 호르몬을 분비하는 현상이라고 말씀드릴 수 있을 것입니다.

사람을 오랜만에 만나게 되면 무척 어색하기도 하고, 난처하기도 해서 딱히 뭐라고 할 말이 없을 때가 있는데, 이와 같은 상황도 두뇌로선 상당히 긴장되는 상황이라고 말씀드릴 수 있으며, 역시 이 같은 상황에서도 상당히 효과적으로 적용되는 방식이 바로 웃는 행위가 아닐까 하고 생각해 봅니다. 왜냐면 의식적으로든, 무의식적으로든 양 입꼬리를 추어올림으로써 일단은 '오랜만에 당신을 만나 기분이 좋다.'고 표현하는 것이 경직된 분위기를 좀 더 효과적으로 누그러뜨릴 수 있을 것이기 때문입니다.

'비웃다'라는 말의 사전적 의미를 통해서도 '웃음이 왜 나오는가?'에 대해 살펴볼 수 있습니다. '비웃다'라는 말은 '같잖게 여기어 경멸하거나 조롱하다'라는 의미라고 하는데, 이 의미 속에서 인간의 우월감과 같은 것들이 강하게 작동하고 있다는 것을 발견할 수가 있을 것입니다. '같잖다'라는 말은 '같지 않다'라는 말의 줄임말에서 파생된 말이라고 쉽게 판단할 수 있을 것입니다. 따라서 이 말은 '내 생각과 다르기 때문에 들을 가치도 없다'라는 의미를 담고 있는 표현이라고 말씀드릴 수 있을 것입니다. 이 것은 기존의 우월적 의식과 다른 또는 그에 반하는 누군가의 의식(열등적 의식)을 받아드리고 싶지 않음으로써 발생하는 자극을 엔도르핀을 이용해 완화하는 행위라고 생각해 볼 수 있다는 것입니다.

"웃는 얼굴에 침 못 뱉는다."라는 말이 있는데, 웃고 있으면 순해 보이기도 하고, 또 착하게 보이기도 하고, 또 왠지 모르게 연약해 보이기도 하기 때문인 것 같습니다. 그만큼 웃는 행위는 공격성의 최소화를 나타내는 행위라고 말씀드릴 수도 있을 것입니다. 그런데 이것은 역으로 생각하면 상대방으로 하여금 경계심을 최대한 완화시킬 수 있는 행위라고 할 수 있으므로, 웃고 있는 사람으로서 그만큼 공격의 포인트를 높일 수 있는 행위라고 할 수도 있을 것입니다. 그래서 '웃음 뒤에 칼이 숨겨져 있을지도 모른다'는 속담이 또한 공존하고 있는 것이 아닌가 하고 생각해 봅니다.

웃는 행위는 생물학적으로 선택되었을 가능성이 매우 큽니다. 몸이 고단하고 가슴이 답답할 때 한바탕 웃는 행위를 통해 몸속의 묵은 공기를 툭툭 털어낼 수도 있고, 또한 어처구니가 없다거나 전혀 예상치 못했던 일을 갑자기 접함으로써 일어나는 두뇌의 크고 작은 충격파를 좀 더 부드럽게 누그러뜨릴 수도 있고, 또한 기분 좋은 또는 좋은 듯한 얼굴로 상대방의 경계심을 완화시킬 수도 있고 하는 등등의, 여러모로 인간이 살아가는 데 매우 효과적으로 활용될 수 있는 것이 아닌가 하고도 생각해 볼 수 있을 것 같기 때문입니다.

축사를 관찰하면서 소들이 웃는 경우를 본 적 없다 보니, '우주는 결코 웃지 않는다.'는 생각이 들기도 했습니다만, 그건 그렇고요, 부시의 미소를 보고 무엇 때문에 '인간은 왜 웃는가?'를 생각하게 된 것인지 다시 한 번 곰곰이 생각해 봅니다.

때론 옆구리가 아플 정도로 웃고 나면 눈물이 흘러나오기도 하지 않습니까? 마치 마음의 정화작용이라도 일어난 것처럼 말입니다. 많이 웃으면 그만큼 건강에도 좋다는데, 때론 '웃어야 할지, 울어야 할지' 그것이 제일 문제일 때가 있으니, 참으로 난감하지 않을 수가 없습니다.

시소 놀이

'시소'라는 말이 첨엔 우리나라 말인 줄 알았습니다. 생긴 것도
그렇고 물리적인 원리도 우리나라 널뛰기와 유사해 다른 나라에

도 이런 놀이기구가 있는지, 없는지 아예 생각해 보지도 않고, 으레 우리나라 말이겠지 하고 생각해 버린 것입니다. 그런데 알고 보니, '시소'라는 말은 'see-saw'라는 영어 표현이었습니다.

암튼 이 표현을 우리나라 말로 해석하면 '보이다-보였다'라고 말씀드릴 수 있는데, 현재형과 과거형, 즉 보이는 상태와 보이지 않는 상태가 반복되는 상황을 나타내는 말인 것 같습니다. 우리나라 널뛰기의 내력 속에도 나름대로 잘 나타나 있는 것 같습니다.

시소는 참으로 간단한 원리의 놀이기구가 아니겠습니까? 천칭 저울의 원리에서도 시소와 유사한 원리를 유추해 볼 수 있는데, 천칭 저울의 역사가 BC 수천 년 전부터라고 하니, 그만큼 매우 간단한 원리이면서도 동시에 우리의 삶에 매우 유용한 원리가 아니었겠는가 하고도 곰곰이 생각해 봅니다.

누구나 한 번쯤 시소를 타보신 적이 있을 것입니다. 저는 그다지 재미있는 놀이기구는 아닌 것 같다고 생각하는데, 여러분은 어떻습니까? 사실 그 어떤 놀이기구도 오래 타면 탈수록 그만큼 지루해질 가능성이 커질 수밖에 없지 않겠습니까? 참으로 단순한 원리의 놀이기구를 하루 온종일 탄다고 생각해 보십시오. 재미를 느끼기엔 사타구니가 먼저 쓰라려 오지 않겠습니까? 더군다나 강호동과 유재석 씨가 시소를 타기라도 한다면 시간이 갈수록 그 지루한 정도가 얼마나 구체적으로 묘사되겠습니까? 아무래도 시소는 놀이기구로서 별로 매력이 없는 것 같습니다.

그러나 시소(see-saw)라는 놀이기구의 내면을 조금만 들여다 볼 수 있다면 단순한 원리가 얼마나 영원히 지속되는지 알 수도 있을 것입니다.

'시소'라는 놀이기구가 지향하는 바가 무엇일까요? 적어도 시소는 수평과 기울어짐을 동시에 전제해야만 놀이기구로서 가치가 있는 것이 아닐까요? 항상 기울어져 있거나 항상 수평만을 유지하고 있다면 결코 놀이기구라고 말할 수는 없을 것입니다. 놀이는 재미를 목적으로 하며, 재미는 적어도 지루하지 않아야 느낄 수 있는 속성을 가지고 있다고 말씀드릴 수 있을 것 같기 때문입니다.

'인간은 유희의 동물이다'라고 누군가 말한 바 있다지요. 여기에 좀 더 보태자면, 어쩌면 "인간은 끊임없이 유희를 쫓는 동물이다."라고 조심스럽게 말씀드릴 수도 있지 않을까 하고 생각해 봅니다. 그래서 우리 인간계는 '시소성'의 원리가 강하게 작동하는 세계라고 말씀드릴 수도 있지 않겠습니까? 늘 수평으로만 있어도 지루하고, 그렇다고 늘 기울어져 있어도 아주 지루할 수밖에 없는 세계 말입니다. 각종 뉴스(news)들을 보시면 아시겠지만, 뉴스가 목숨 걸고 경계하는 것이 바로 지루한 세계가 아니겠습니까?

저 역시 인간으로서 시소성의 원리를 부정할 수 없을 것입니다. 재밌게 지루할 수 있다거나 지루하도록 재미있는 상태를 아직 발견할 수 없기 때문입니다. 그래서 시소 위에 올라탄 제 맞은 편엔 누군가가 또는 그 무엇인가가 늘 존재하고 있을 것입니다. 삶이 지루하지 않도록 말입니다.

그러나 아프지 않게 재밌도록 노력해 보겠습니다. 보인다고 해서 다 보인다고 착각하거나 보이지 않는다고 해서 쉽게 절망해 버리거나 하는 일이 없도록, 보다 균형 잡힌 눈으로 세상을 바라 보려고 노력해 가면서 말입니다.

우리는 왜
두 손을 모으는가?

저 하늘에서 내리는 비는 그다지 감상적이지만은 않은 것 같다. 빛과 마찬가지로, 비는 우리 삶에 가장 직접적으로 영향을 미치는 자연조건이라고 말할 수 있을 것이다. 서울 광화문 거리에

내리는 비와 시골 들판을 적시는 비는 실질적으로도, 그리고 심리적으로도 매우 다를 수밖에 없을 것이다.

'애가 타다'라는 말이 어디에서 기원하였을까 하고 곰곰이 생각해 보지만, 나는 쩍쩍 갈라진 답(畓)을 바라보고 있는 농부의 가심에서 기원하지 않았을까 하고 추측할 수 있을 뿐이다. 농부에게 비는 너무 많이 내려도 애간장을 다 녹이는 것이며, 또한 너무 안 내려도 애간장을 다 태우고도 남는 것이라고 말할 수 있을 것이다. 왜냐면 과거로 갈수록 "농부의 땅은 오직 하늘에 달린 것이었다."라고 말할 수 있을 것이기 때문이다. 따라서 농부의 마음은 늘 하늘에 가 닿아 있었을 것이라고 충분히 짐작할 수 있을 것이다.

잠깐 '조바심'이란 단어에 관해 살펴보는데, 이 말은 "귀가 질겨서 잘 떨어지지 않는 조를 두드려 떨 때 잔 알갱이가 흩어지지 않도록 무척이나 애를 쓰며 가슴을 졸인다."는 데서 유래했다고 한다. 씨를 뿌려 곡식을 거두기까지 그 정성이 얼마나 하늘에 가 닿을 정도였으면 조 알갱이 하나에도 조선간장 졸이듯 가슴을 졸였겠는가?

곡식을 기르는 동안 농부의 마음을 애타게 하는 것은 여러 가지가 있을 것이다. 그러나 그중에서도 가장 애가 타게 하는 것이 바로 '비'가 아닐까 하고 생각해 본다. 너무 직게 와도 안 되고, 너무 많이 와도 안 되고, 그리고 내린다고 아무 때나 내려서도 안

되는데, 이를 우리 인간의 힘으로는 어찌할 수 없으니, 그저 온 정성을 다해 하늘에 빌고, 빌고, 비는 수밖에 더 있었겠는가?

　'우리 인간은 왜 두 손을 모으는가?'에 대해 나는 깊이 고민해 보고 싶은 것이다. 왜 우리는 하나님께, 부처님께, 알라님께 기도를 올릴 때 한결같이 두 손을 모으는 것이며, 또 지하철 계단에 얼굴을 푹 파묻고 있는 사람들은 무엇을 얻기 위해 두 손을 모으는가? 또한, 우리는 아이들에게 단돈 몇백 원을 주면서도 왜 꼭 두 손으로 받으라 하고, 왜 우리는 죄인의 손목에 찰칵 쇠고랑을 채우기도 하는 것이며, 또한 우리는 두 손을 최대한 절제하는 축구라는 경기에도 왜 그토록 열광하는 것일까? 나는 이와 같은 현상들에 대해 깊이 생각해 보고 싶은 것이다.

두 손을 모으는 방식에는 크게 두 가지로 생각해 볼 수 있을 것 같다. 손을 모아 손바닥을 붙인 형태와 손을 모아 손바닥을 펼친 형태로 말이다.

두 손을 모아 손바닥을 딱 붙인 형태로는 우스갯소리지만 똥침 놓는 것 빼고 무엇을 할 수 있겠는가? 나는 좀처럼 생각나지 않는다. 어쩌면 이것은 그만큼 손의 가치가 상실되어 버린다는 것을 의미하고 있는 것은 아닐까? 따라서 손을 모아 손바닥을 붙인 형태는 인간의 손이 더는 아무것도 할 수 없다는, 일종의 한계 의식을 내포하고 있다고 말할 수도 있지 않을까? 마치 쩍쩍 갈라진 논을 보고도 오직 하늘에 빌고 비는 것 말고는 아무것도 할 수 없는 농부의 마음처럼 말이다.

그리고 두 손을 모아 손바닥을 펼친 형태는 조 알갱이나 빗물과 같은 것들을 흘리지 않고 가장 많이 떠 담을 수 있는 형태라고 말할 수도 있을 것이다. 따라서 이 또한 빗방울 하나라도 또는 곡식 알갱이 한 톨이라도 흘리지 않으려는 애틋한 농부의 마음을 상징하고 있는 것은 아닐까 하고 곰곰이 생각해 본다.

관점(觀點)

　무엇을 보든지 간에 보이는 측면과 보이지 않는 측면은 동시에 발생한다고 생각합니다.

　'관점(觀点)'이란 단어에서 그 사실을 유추해 볼 수 있는데, 이 말은 바라볼 관(觀) 자와 점 점(點) 자로 이루어진 말이라는 것을 알 수 있습니다. 즉, 어느 한 점(사물, 현상)을 바라보는 시각을 나타내는 말이라고 할 수 있을 것입니다. 그런데 어느 한 점을 똑같은 자리에서 동시에 바라볼 수는 없습니다. 다시 말씀드려 어느 한 점을 동시에 바라보기 위해서는 적어도 서로 다른 각이 존재할 수밖에 없다는 것입니다. 따라서 이 관점이란 말은 서로 다를 수밖에 없으므로 만들어진 말이라는 것을 알 수 있을 것입니다.

수학적으로 볼 때 도형이 만들어지기 위해서도 적어도 각이 있어야만 한다는 것과도 마찬가지라고 말씀드릴 수 있으며, 추상 명사와 같은 것들은 결코 하나의 의미로 딱 결정될 수 없는데, 이렇게 하나의 의미로 결정되지 않는다는 것 자체가 서로 다르게 생각할 수밖에 없는 근거가 되는 것이라고 말씀 드릴 수도 있을 것입니다.

색즉시공 공즉시색
(色卽時空 空卽時色)

'색즉시공 공즉시색(色卽時空 空卽時色)'이란 말에 대해 생각
해 본 적이 있습니다.

언젠가 필터 님의 기사에 짧은 댓글을 달았는데, 내용을 잠깐

소개하겠습니다. "유전자의 눈높이에서 다시 보는 생명은 퍽 허무해 보인다. 그러나 약간의 허무함을 받아들이면 스스로가 철저하게 겸허해지는 경험을 하게 된다. 그러곤 자연의 일부로 거듭나게 된다."라는 기사 내용에 대해 "불교의 '색즉시공 공즉시색'의 의미와도 일맥상통한 말씀이신 것 같습니다. 색에서 공으로 가는 의식 과정은 일종의 '허'를 인식하는 과정이기도 하며, 공에서 색으로 가는 인식 과정은 '허'를 넘어서는 정과 반의 합으로의 과정인 것 같습니다. 좋은 기사 잘 보았습니다."라고 올린 내용입니다.

"감각적으로나 이성적으로 인식할 수 있는 모든 것은 공(空)에 지나지 않는다."라고 하는, 즉 '색즉시공'이란 표현에서, 공(空)이란 의미를 허(虛)라는 의미로 대치한다고 해도 그다지 무리가 없다고 한다면, '색즉시공'이란 말은 일련의 허무주의적 관점을 배경으로 인식된 개념이라고 말씀드릴 수도 있을 것입니다. 그런데 세상이 허무하다고 느껴지는 가장 중요한 요인 중의 하나가 바로 삶에 대한 회의감이 강하게 밀려올 때가 아닐까 하고 생각해 봅니다. 그리고 이런 회의(懷疑)감은 근본적으로 불확실성 때문에 일어나는 모종의 감(感)이라고 말씀드릴 수 있을 것입니다. 이것이 색이 공(허)으로 치환되는 의식 과정에 영향을 미친 것이 아닌가 하고 곰곰이 생각해 보는 것입니다.

그러나 만일 '색'이 '공'일 뿐이기만 하다면 '존재'에 대한 인식

자체뿐만 아니라, '색'이 '공'이라고 인식되는 그 의식 과정 자체도 이루어질 수 없을 것입니다. 다시 말씀드려, '색'이 '공'이기만 하다면 세상이 허무하다고 판단하는 것 자체가 이루어질 수 없기 때문에, '색즉시공'이란 말은 그 자체로서 만은 결코 성립될 수 없는 말이라는 것을 알 수 있을 것입니다. 따라서 '색즉시공'이란 말은 '공즉시색'이란 말과 서로 전제되어야만 이루어질 수 있는 말이라고 생각해 볼 수 있을 것입니다.

'색즉시공'이란 말에는 중요한 두 개의 개념이 적용되어 있다고 말씀드릴 수 있는데, 그것은 '시간'과 '변화'라는 개념입니다. 왜냐면 시간(x)을 최대한 limit 0으로 보낼 때 우주 만물은 매 순간 변화하는 세계일 뿐이며, 의식 또한 오직 순간에만 지나지 않는다는 결론이 나오고, 이것은 곧 공(空)에 지나지 않는다는 결과와 같기 때문입니다, 또한, 이와 마찬가지로 세계(색)라는 변수를 limit 0으로 최대한 보낸다고 하면, 우리 인간의 눈이 인식할 수 있는 세계는 거의 공(空)이나 다름없다고 판단할 수 있기 때문입니다.

그런데 위에서 '색즉시공'이란 말은 '공즉시색'이란 말과 함께 작용하여야만 이루어질 수 있는 말이라고 말씀 드렸듯, '순간'에 대한 인식의 판단도 적어도 순간 이상의 시간(영원성)을 인식할 수 있을 때라야만 가능한 판단이며, 또한 '나'라는 존재를 인식하기 위해서도 반드시 나를 포함한 나 이외의 세계를 인식할 수 있어야만 가능한 것이라고 말씀드릴 수 있을 것입니다.

'색즉시공 공즉시색'이란 말은 '색을 부정함으로써 도출된 공 또한 모순을 수반하고 있다'는 사실을 인식함으로써, '다시 색으로 돌아올 수밖에 없음'을 표현한 말이라고 생각해 볼 수 있을 것입니다. 그러나 처음의 색과 마지막의 색은 같은 색이지만, 동시에 차원이 다른 색이기도 합니다. 처음의 색이 부정되었던 색이라고 한다면 마지막의 색은 인정된 색이라는 것입니다.

공을 인식해 가는 과정에서 수반된 수많은 정신적 고통을 극복함으로써 얻어진 겸허, 바로 이것이 최종적으로 도출된 색이 아닐까 하고 생각해 봅니다.

여기서 정(正)과 반(反)의 합(合)이 이루어지는 원리에 대해서도 생각해 볼 수 있을 것 같습니다. '정반합'이란 말에 대해 헤겔의 생각을 살펴보면 "정(正)의 단계란, 그 자신 속에 실은 암암리에 모순을 포함하고 있음에도 불구하고 그 모순을 알아채지 못하고 있는 단계이며, 반(反)의 단계란 그 모순이 자각되어 밖으로 드러나는 단계이다. 그리고 이처럼 모순에 부딪침으로써 제3의 합(合)의 단계로 전개해 나간다. 이 합의 단계는 정과 반이 종합 통일된 단계이며, 여기서는 정과 반에서 볼 수 있었던 두 개의 규정이 함께 부정되면서 또한 함께 살아나서 통일된다."라고 말하고 있습니다. 매우 의미심장한 내용이라고 생각합니다.

왜냐면 나 자신이 어떤 오류를 범하고 있는가를 알아채기가 그야말로 가장 어려운 일이 아닌가 하고 생각해 보기 때문입니다. 저 자신도 이점에 대해 잊지 않으려고 노력을 합니다만, 인간의 의지로 다 이루어질 수 없음을 인정할 수밖에 없을 뿐입니다. 다만, 나 자신이 범하고 있는 오류가 무엇인가를 찾기 위해 끈질기게 수양해 나가는 것, 이것이 한 인간으로서 제가 할 수 있는 전부가 아닐까 하고 깊이 생각해 봅니다.

축구의 매력

축구는 두 손을 최대한 사용하지 않으려는 점 때문에
더욱 매력적인 것 같습니다. 어쩌면 이것은 자연상태로 돌아가고
싶어 하는 우리, 인간의 열망이 담긴 것이 아닐까요?

달리고, 부딪치고, 걸고, 걸려 넘어지고, 재빨리 일어나 또 달리고, 달리다가 바로 멈춰서 순간적으로 방향을 돌리고, 높이 뛰어올라 헤딩을 하고, 치열하게 몸싸움을 하고, 유연한 발놀림으로 상대를 제치고, 작전을 짜서 좀 더 효과적으로 공을 몰아 상대 진영을 뚫고 하는 등등의 모습들을 보면, 마치 표범이나 치타가 먹이를 잡기 위해 슬금슬금 다가오다 어느 순간 재빨리 뛰어올라 달리고, 쫓고, 방향을 바꾸고 하는 듯한 또는 들소들이 사랑을 쟁취하기 위해 콧바람 쉭쉭거리며 서로 머리를 들이받고, 밀치고 하는 듯한 또는 물 위로 살짝 뛰어오른 작은 물고기 한 마리를 새가 잽싸게 낚아 물고 날아오르는 듯한 또는 아주 옛날에 사람들이 먹이를 잡기 위해 협동으로 먹이를 몰고 쫓는 듯한, 자연상태에서의 순수하고 치열한 생존경쟁의 모습들이 떠오릅니다.

두 손의 의미는 도구로부터 시작하여 오늘날에 이르는 자연상태와의 차별성을 상징하는 것이기 때문에, 그 두 손을 최대한 버림으로써 자연으로 더욱 가깝게 다가가 당당하게 겨루고자 하는 순수함이 담겨 있어 더욱 매력을 느끼게 하는 것 같습니다.

누가 그 시간을
돌려주실래요?

(이야기꾼 님의 「수학은 구구단」이라는 글에 단 댓글을 다시 한 번 생각해 봅니다.)

국민학교 2학년 때 선생님께 매 맞아가며 구구단을 외웠던 것 같습니다. 교단 앞에 서서 이일은 이, 이이 사, 이삼은 육, 이사 팔… 하고 외다가, 어느 쯤에 막혀 손바닥을 맞았는지 기억나진 않습니다. 어느새 30년이 지나버렸거든요.

(사족입니다만, 당시가 1980년이었는데 전두환이라는 사람 이 뭐 하는 사람인지도 몰랐고, 광주에서 왜 수많은 사람이 죽어 갔는지 저는 전혀 알지 못했습니다. TV가 있었어도 뭐가 뭔지 알 수 없었겠지만, 그때만 해도 동네에 텔레비전 없는 곳이 많았던 것 같습니다.)

요즘 초등학교 아이들에게 가끔 물어봅니다. "너희들 아직도 구구단 외냐?" 하고 말입니다. 그러면 "그렇다."라고 대답합니다. 30년, 아니 우리 앞세대들도 그렇게 외웠을 테니까 적어도 50년 이상 동안 변함없이 교단 앞에서 구구단을 왼다고 하니, 왠지 모르게 동질성을 느낄 수 있어 몹시도 기분이 좋더군요.

그런데 계산기가 없던 시대도 아니고, 컴퓨터 아이폰까지 나온 마당에 왜 아이들은 아직도 구구단을 외워야 하는 걸까요…? 그래요, 빠른 계산을 목적으로 한다면, 다시 말해 시험시간 내에 모든 문제를 다 풀기 위해서라면 어느 정도 보탬이 될지도 모르겠네요. 검색하고 자판을 두드리는 것보다 빠를 수도 있을 테니까요.

하지만 죽고 사는 상황도 아닌데 계산 좀 늦으면 어떤가요? 그렇다고 아주 크게 차이 나는 것도 아니고요. 팔구에 칠십이가 될 수밖에 없는 원리는 쏙 빼놓고 계산만 빨리한다면 도대체 수학이라고 하는 학문이 어떤 의미가 있는 것인지 한 번쯤 되짚어보고 싶어요. 물론, 너무 간단한 원리라 굳이 강조하지 않아도 그냥 외우기만 하면 나중에 저절로 알게 되는 것인지도 모르겠지만, 간단한 원리가 하나씩 하나씩 쌓여 오늘날의 학문을 이루고 있는 것이라고 생각합니다. 따라서 아주 작은, 아니 작다고 생각하는 그런 원리들부터 시간이 오래 걸리는 한이 있어도, 아이들 스스로 깨우쳐 갈 수 있도록 도와주는 것이 진정한 교육이 아닐까 하고 생각합니다.

똑같은 수를 반복해서 더하는 원리가 구구단의 원리라고 합니다. 이 사실 하나면 시간이 좀 걸리더라도 18단, 19단, 아니 그보다 더한 단도 쉽게 해결할 수 있는데, 굳이 그렇게까지 달달 외우게 해서 얻어지는 게 뭔지 궁금합니다. 수업 진도가 문제라면 수업 진도를 해결해야지, 무조건 외우게 해서는 안 된다고 생각합니다. 억지로 외우게 하는 것은 배움에 대한 거부감을 유발하고, 나아가 학문에 대한 경시 풍조를 조장할 수도 있을 것이기 때문입니다.

간단한 원리부터 재미있으면서도 진지하게, 그리고 좀 더 깊이 있게 탐구하는 자세를 아이들에게 길러주시면 좋겠습니다. 덧셈, 뺄셈에서부터 미·적분, 확률, 통계까지 가는 시간이 좀 많이 걸리면 어떻습니까? 좀 따라가지 못하면 어떻습니까? 또한, 다 따라가지 못한다고 해서 도대체 무엇이 문제입니까? 십수 년을 공부하고도 구구단 빼고 대부분을 잃어버린다면 그 시간들이 참으로 서글프지 않겠습니까?

교과서는 외우라고 있는 것이 아니라, 학문에 어떻게 접근해 가는 것이 좋은가를 인도해 주는 역할을 하는 것이라고 생각합니다. 정해진 시간 안에 주어진 문제들을 다 풀기 위해 머릿속에 억지로 집어넣는 것이 아니라고 생각합니다. 그것은 '인격 고문'이 될 수도 있을 것입니다. 고등학교 딱 졸업하면 13년의 교육(교과서)은 어디에다 어떻게 버려야 할지 고민되는, 쓰레기가 되고 마는 것이 현실 아닙니까?

그래서 학교의 수업도 여러 면에서 좀 더 합리적인 방식으로 개선될 필요가 있다고 생각합니다. 예를 들어, 저는 수업의 과정이나 내용 등을 여러 선생님의 경험을 바탕으로 한 합의로 결정되는 권한이 강화되길 바랍니다. 또한, 국가의 획일적인 선별의 절대성보다 선생님들의 역할 책임을 바탕으로 한 합리적인 진학의 비율이 한층 높아지길 바랍니다. 일주일에 산수 시간은 몇 시간, 국어 시간은 몇 시간 하고 딱딱 나누어서 할 것이 아니라, 융통성 있고 개방된 수업으로, 그리고 여러 과목의 선생님들이 함께 수업에 참여하여 다른 과목의 내용도 배우면서, 동시에 아이들의 특성을 보다 면밀하게 파악해 수업의 내용과 양질을 적절하게 조절하여 관리해 나가시는 것이 어떨까 하는, 일련의 생각들입니다.

저는 그래도 수학을 매우 좋아하는 편이었습니다. 시험 보면 좋은 점수를 받진 못했지만, 수학이 가지고 있는 논리의 타당성을 파고들 때마다 상당히 큰 즐거움을 맛볼 수 있었기 때문입니다. 그리고 꽤 오랫동안 수학을 공부했던 것 같습니다. 그런데요, 그것도 시간 앞에 무력해지더이다. 재밌게 공부했는데도, 10여 년 넘게 나 몰라라 하며 살다 보니 머리에 남는 게 거의 없습니다. 지금은 일차방정식을 어떻게 푸는지도 잊어버렸습니다.

아마 저는 중학생 수준도 따라가지 못할 것입니다. 아니요, 초등학교 고학년 과정도 지금은 이해하기 매우 힘들 것입니다. 덧·뺄셈에서 미·적분까지 13년(저는 대학입시 학원을 5년 정도 더 다녔으니 18년)을 공부한 댓가 치곤 너무나도 참혹한 결과인 것 같습니다. 저뿐만은 아니리라 생각합니다. 의사님, 판사님, 기자님, 교수님, 회장님, 그리고 의원님들, 이 모든 분께 삼차방정식 문제 하나 툭 던져보십시오. 얼마나 풀 수 있는지 말입니다.

일제고사는 아이들에게만 적용돼서는 안 된다고 생각합니다. 이런 공부 해서 좋은 점수 따가지고 좋은 대학, 좋은 과를 가서 좋은 자리 잡았으면 그 실력을 정기적으로 평가받아야 하는 거 아닙니까? 따라서 저는 정기적인 '국민고사'가 치러져야 한다고 강력하게 주장합니다.

물론, 이야꾼 님의 '수학공식을 모두 잊어버렸다고 해도, 농구를 하면 농구 선수가 되지 않아도 민첩성과 같은 것이 길러지듯이, 수학을 공부하면서 배운 어떤 것은 자신도 모르게 정신을 건강하게 한다'는 말씀에 전적으로 동의합니다. 그런데도요, 너무나 아쉽습니다. 수학이 제게서 우리에게서 너무 멀리 도망가 버린 것 같아서 말입니다.

수학뿐만이 아닙니다. 영어는 더 심합니다. 저도 영어 공부 좀 했다고 자부할 수 있습니다. 성문종합만 해노 수십 번은 봤으니까 말입니다. 영어단어 외우느라 모나미 볼펜으로 연습장에 휘

갈긴 시간들을 어찌 다 헤아릴 수 있겠습니까? 그런데도, 그런데도 말입니다. 머릿속에 남아 있는 단어가 거의 없습니다. 그나마 인터넷이 발달하여 매우 감사하게 생각하며 삽니다.

비극 아닙니까…? 십수 년을 달달달 공부했는데도, 영어 한마디 할 수 없다는 저 자신, 이거 진짜 비극 아닙니까? 돈 많고 여유 있는 사람들이야 미국 가서 배우면 그만인지 몰라도, 우리 대다수는 영어와 담을 쌓고 살아갑니다. 누가 책임지시렵니까?

당시 선생님들께선 왜 그토록 영어단어를 달달 외우라고 하셨는지, 지금 생각해 보면 꼭 바람직한 방식은 아니지 않았는가 하고 생각해 봅니다. 아직도 발바닥이 얼얼한 것 같습니다. 우리나라 문법도 매우 어려운데, 뭐하려고 그놈의 영어 문법에 목을 매고 있어야 했는지, 정말 안타까운 일이 아닐 수 없습니다. 영어가 제 생에 왜 이렇게 어렵고 두려운 존재로 각인되었는지, 누군가에게 꼭 한 번쯤 여쭙고 싶었습니다.

영어수업 시간엔 깨끗하게 책을 걷어내셨으면 좋겠습니다. 말은 글씨로 접근하는 것이 아니라, 소리로 접근하는 것이기 때문입니다. 대화도 안 통하는데 무슨 편지부터 주고받을 일이 있답니까? 외국 사람들을 보면 괜히 쫄게 되는 이 어처구니없는 심리를 누가 치료해주시렵니까? 영어로 낭비되는 이 어마어마한 사회적 비용을 누가 책임질 것이냔 말입니다. 그래서 영어책은 사라져야 합니다. 말이 될 때까지 영어책은 결코 펼쳐져서는 안 될 것입니다.

국어라고 다를 게 있겠습니까? 우리나라 말이다 보니 조금 인센티브가 붙을지 모르겠습니다. 하지만 예를 들어, 한글에 관련된 과정에서 왜 그리도 듣도 보도 못한 한자들이 난무하는지 저는 이해할 수가 없습니다. 경구개, 치조개, 파열음, 구개음화, 동음이의어 등등. 아니, 한글에 왜 이렇게 어려운 의미들이 필요한지 저는 진짜 이해할 수 없습니다. 아니요, 이해하고 싶지 않습니다. 이러한데, 누가 한글을 좋아라 하겠습니까? 우리나라 글자인데도 이거 무서워서 접근이라도 할 수 있겠습니까? 외국 사람보다 더 가까이 가기가 어려운 존재가 되어버리고 만 것입니다. 그러니 이 위대한 창조 앞에서도 국경일이네, 공휴일이네 하는, 참으로 웃지 못할 일들이 벌어지고 있는 것 아닙니까

인문학의 위기라고 했습니까? 그것을 누가 만들었습니까? 한번쯤 정말 속 시원하게 따지고 넘어가고 싶습니다. 부디, 학문이 삶으로부터 저 멀리 떨어지지 않도록, 우리 모두 깊은 성찰이 있길 간절히 바랍니다.

누가, 그 시간을 돌려주실 것입니까?

뉴라이트
어둠보다 더 어두운
빛이 되지 않기를

몇년 전에 택시 운전을 잠깐 했습니다.

특히, 야간에 운전할 때가 가장 힘들었던 것 같습니다.

사람은 시각에 의존하는 비율이 높아서 어둠을 밝히지 않고 서는 밤을 운영해 가기가 매우 어렵다고 말씀드릴 수 있을 것입니다. 그래서 과거에는 더더욱 달이나 별의 가치가 상당할 수밖에 없지 않았겠는가 하고 생각해 봅니다. 어두울수록 작은 빛이 발휘하는 가치가 그만큼 높다고 말씀드릴 수 있기 때문입니다.

요즘은 과거보다 상대적으로 빛에 대한 가치가 매우 떨어진 것이 아닌가 하고 생각해 봅니다. 왜냐면 인위적으로 다량의 빛을 생산해낼 수 있기 때문입니다. 그러나 한편으로 생각해 보면 몇 광년 떨어진 별빛 하나만도 못한 밝기인지도 모르겠습니다.

밤에 택시 운전을 오래 하다 보면 제일 짜증 나는 것이 인위적인 빛을 무조건 바라보아야 한다는 것입니다. 저 역시 갈 길을 가기 위해 빛을 밝히지만, 마주 오는 차량도 제각기 갈 길을 가기 위해 빛을 밝히다 보니, 어쩔 수 없이 빛을 바라볼 수밖에 없습니다. 빛이 가시 같다는 느낌이 가장 구체적으로 느껴지는 경우라고 할 수 있을 것입니다. 그래서 즈음에 '라이트'라는 제목으로 글을 쓴 적이 있습니다.

라이트

태양은 바라보지도 않지만 고개 돌리지도 않는 것
그래서 타더래도 타는 냄새가 나지 않는데

밤길은 밤을 볼 수 있는 이들에게 나 있는데
눈을 쑤시고 들어오는 빛이 복판 골수를 찌르기 직전
돌려버린 얼굴

고무 타는 냄새만 난다

부족하지만 위와 같은 내용입니다. 빛은 어두운 곳을 좀 더 자세히, 그리고 좀 더 멀리 바라보기 위해 밝히는 것이지만, 그

광도가 지나치면 오히려 어둠보다도 더욱 어둡게 만들어 버리는 성질을 가지고 있는 것이 아닌가 하고도 곰곰이 생각해 보았던 것입니다.

light(빛, 조명)나 right(오른쪽, 옳음)와 같은 어휘는 별개의 개념이 아니라, 서로 깊은 연관성을 가진 개념의 어휘라고 말씀드릴 수 있을 것입니다. 간단히 말씀드리면, 생물학적으로 오른손의 이용도가 훨씬 높아서 발생한 어휘라고 말씀드릴 수 있다는 것입니다. 정의와 같은 개념이 빛으로 비유되고, 불의와 같은 개념이 암흑으로 비유되는 것은 시각에 의존하는 인류의 생활 방식에서 연유된 것입니다. 이와 마찬가지로, 심장의 반대쪽에 있는 손(오른, 바른)을 사용하는 것이 당연한(옳은) 것이었기 때문에 오른쪽이라는 개념이 올바르다 하는 개념으로 확대된 것이고, 또한, right(오른쪽)라는 단어에 정의나 빛(light)과 같은 개념이 공통으로 포함된 것입니다.

어렸을 때 젓가락질을 바르게 하지 못한다는 이유로 쫓겨난 적이 있습니다. 젓가락질은 음식물을 잘 집으면 되는 것이 아닌가 하고 생각하는데, 당시 어르신들께서는 그뿐만이 아니었던 것 같습니다. 젓가락질을 하는 것도 이러한데, 왼손질을 하기라도 하면 어찌 되었겠는가 하고 상상해 보기도 합니다. 물론, 모든 사람들이 두 손 중에 한 방향의 손만 사용하는 것이 통용성의 효율을 증가시킬 수 있다고 생각합니다. 그리고 심장이 왼쪽에 있으므로 중심성을 높이기 위해서도 당연히 오른손을 사용하는 비율이 높을 수밖에 없습니다. 왼손잡이 언더스로 투수를 볼수 없는 것처럼 말입니다.

light나 right와 같은 개념들은 공통으로 오른손의 이용도가 높기 때문에 이루어진 어휘들입니다. 그러나 왼손을 잘 쓴다고 해서 결코 조롱하거나 잘못된 행위라고 말할 수는 없을 것입니다. 짐승들도 한 손으론 균형을 잡기가 매우 어렵다는 것을 알아야 할 것입니다.

뉴라이트(new right)라는 용어가 만들어졌다고 하는가요?

택시 운전할 때의 마치 마주 오는 자동차의 쌍 light같이 복판 골수를 찌르는 그래서 어둠보다도 더 어두운 빛이 되지 않기를 바라는 바입니다.

저는 백령도에서 군 생활했습니다. 제대한 지 11년 넘었으니 지구가 11번 공전한 셈입니다. 대략 4,000일 동안 100억km 정도 움직인 셈이 되니 꽤 길게 느껴지기도 합니다. 명왕성이 태양에서 59억km 정도 떨어져 있다고 하니, 그보다도 한참 멀리 흘러가버린 셈이 되는 것 같습니다. 그러니 어찌 기억이라고 가물가물하지 않을 수 있겠습니까? 어쩌면 삶은 흘러가면 갈수록 자꾸만 추상화되어 가는 것인지도 모르겠습니다.

그러나 때론 시간이나 거리와 관계없이 신중에 구체화하여 살아나는 기억도 있다는 것을 누구나 경험한 바 있을 것으로 생각합니다.

까나리 액젓 냄새가 확
-귀신같은 NLL 이어

백령도는 까나리 액젓이 진동하는 곳
TV 홈쇼핑에도 나와 내 코끝 시큰도 하고
콧물 솟으면 눈도 매워 찔끔 흘리게도 하는 곳

언젠가 홈쇼핑에서 백령도 특산물인 까나리액젓을 판매하는 것을 본 적 있습니다. 그런데 그것을 보자마자 백령도 사항포 208초소에 진동하던 액젓 냄새가 확 풍겨오는 것 같기도 하지 않았겠습니까? 좀 과장스럽기는 하지만, 짠 내가 머릿속까지 마구 퍼지는 것 같았습니다. 삶이 감각적으로 기억될 때 더욱 오래도록 진하게 느껴지는 것이 아닐까 하는 생각이 들기도 했습니다.

이른 아침 k2 소총 메고 바닷가 215초소 가노라면
선임해병 바짝 쫓아가는 내 발목 잡고 뭉게뭉게 해무가 피어오르
던 곳, 속까지 푸르른 바다 참으로 아름다운 백령도여!

손오공이 타고 다니는 구름같이 제 발목에 피어오르는 바다
안개를 군화로 짓밟고 가기가 진짜로 무지무지 미안했습니다. 백
령도를 가보신 분들은 아시겠지만, 참으로 아름다운 섬입니다.

잠깐 백령도에 관한 내용을 퍼 올려 보겠습니다. (면적 45.83
㎢, 인구 4,329명(1999)이다. 인천에서 북서쪽으로 191.4km 떨어
진 서해 최북단의 섬으로, 북한과 가장 가까운 위치에 있다. 본
래 황해도 장연군(長淵郡)에 속했으나, 광복 후 옹진군에 편입되
었다. 원래의 이름은 곡도인데, 따오기가 흰 날개를 펼치고 공중
을 나는 모습처럼 생겼다 하여 백령도라고 한다. 처음에는 옹진
반도와 이어져 있었으나, 후빙기에 해면이 상승하면서 평원에 돌
출되어 있던 부분이 수면 위에 남아 형성되었다. 한국에서 14번
째로 큰 섬이었으나, 최근 화동과 사곶 사이를 막는 간척지 매립
으로 면적이 늘어나 8번째로 큰 섬이 되었다. 1월 평균기온 −4.5
, 8월 평균기온 25 , 연강우량은 755.8mm이다. 진촌리 조개무
지에서 신식기시대의 유물이 다량으로 출토되어 일찍부터 이곳
에 사람이 살았던 흔적을 볼 수 있다. 군사적으로도 중요한 곳이

며, 서해의 해금강이라 불리는 두무진과 세계에서 두 곳뿐인 사곳 천연비행장으로 유명하다. 심청이 몸을 던졌다는 인당수가 있으며, 1999년 10월에는 2층 규모의 심청각 전시관이 준공되어 많은 사람들이 이곳을 찾아 심청이의 효심을 배워가기도 한다. 까나리액젓 참다래(키위) 흑염소 진액 전복 해삼 멸치 약쑥 가리비 농어 우럭 놀래기 등의 특산물이 있다.)

그러나 백령도 앞바다가 속까지 푸른 이유가 어찌 이뿐만이겠습니까?

어느 틈 해무가 내 발길에 차이고 황해도 장산곶 바짝 다가서면
몽돌 하나 휙 던져도 닿을 거리, 한때 그대도 황해도 땅이라 했다지
푸르른 바다 그 어디쯤에도 선 하나 그어 있지 않아
고깃배 NLL 넘었다고 NEWS가 나오면, 차라리
네모난 책상에 금 그어 놓고 다투던 어린 시절이 생각나기도 하는 곳

백령도에서 근무하던 동기 하나가 생각납니다. 직책이 통신병이었습니다. 백령도는 아직도 UN군 관할 지역인지는 잘 모르겠습니다만, 군사적으로 매우 중요한 곳이라고 합니다. 아마 군사적으로 중요한 이유는 무엇보다도 북한 땅이 아주 가깝게 있기 때문일 것입니다. 오죽하면 해무가 걷히고 북한땅 장산곶이

바짝 다가서면 돌멩이 하나 휙 던져도 닿을 듯하겠습니까? 이렇다 보니 바닷가에 깔린 게 지뢰입니다. 물론, 철조망으로 둘러쳐 놓았다고는 하지만, 아무리 그래도 '지뢰'라는 것의 기본이 사라질 수야 있겠습니까? 백령도 해안에는 약 2km마다 초소가 세워져 있습니다. 그리고 당연히 초소마다 통신선이 연결되어 있겠지요. 이런 말씀드려도 될지 모르겠습니다만, 솔직히 말씀드리자면 저도 한 10개월 정도 해안근무를 해봐서 아는데, 북한 괴뢰가 넘어올까 봐 눈 빠지게 바다만 쳐다보고 있었겠습니까? 오히려 중대장 지프가 온가, 안 온가 하고 멍하게 쳐다보는 일이 더 많았던 것도 같습니다. 물론, 가끔 물개 대가리를 보고도 놀란 적이 있었습니다만, 아무리 눈을 씻고 쳐다봐도 백령도 앞바다에 북방한계선 같은 것들은 결코 없었습니다. 작대기로 쭉 그어 놓고 "너 넘어오면 죽~어!"라는 식 같으면 차라리 애 같기나 하지 않겠습니까? 왜, 사람들은 눈에 뵈지도 않는 금을 저희 맘대로 쭉 그어 놓고 세월이 가도 좀처럼 녹슬지 않는 냉전 덩어리를 밟으면 터질 만큼 그대로 방치해둔 것입니까? 아 진짜로 너무들 하시는 거 아닙니까? 제 동기 녀석 통째로 발목이 날아가 버린 날 난생처음으로 헬기라는 것을 타봤을 것입니다.

시형포 208초소 앞에는 기차바위가 있는데
아마도 북녘땅 월래도를 향하고 있어

대한민국 해병은 해마다 해마다 빗발치도록
폭탄 투하 훈련을 하였다지
입을 벌리고 귓구멍을 꽉 틀어막지 않으면
고막이 찢어져 버릴 정도로
자본주의는 사회주의를 용납할 수 없었다지

그 백령도 앞바다 밑에는 죽창 같은 쇠붙이가 38도 각쯤 될까
반백 년 동안이나 깊숙히 사회주의의 심장을 찌르고 있다네

　해안에 쇠붙이를 죽창같이 박아놓은 이유는 북한 괴뢰들이 배나 고무보트 같은 것으로 침투하는 것을 막기 위해 만든 것이라고 쉽게 생각해 볼 수 있는데, 어떻게 이토록 단순무식한 냉전의 의식이 초절정 감각으로 발상 되어 끝끝내 21세기로 이어질 수 있을까 하는 의문이 들기도 합니다.

　자본주의다, 사회주의다 하는 것들을 종교적 신념과 비슷하다 생각하는 사람은 별로 안 계실 것입니다. 이런 개념들도 결국 우리 사람들 잘살아 보자고 만든 삶의 방식 아니겠습니까? 이와 같은 개념들은 옳고 그름의 대상이 아니라 변화하는 사회적 상황에 따라 얼마든지 다양하게 연구될 수 있는 유동적인 개념일 뿐 아니겠습니까? 어찌 이런 개념들이 이분법적으로 딱 나누어 떨어질 수 있다는 것입니까?

반백 년 38선만큼이나 흑백논리의 오류가 일어나는 것은 어디선가 그야말로 감정적 오류가 진하게 작동하고 있기 때문입니다. 가끔 더불어민주당과 자유한국당 등의 흑백 논리적 행태 속에서 인간의 감정적 오류들을 신랄하게 느끼실 수 있을지 모르겠습니다. 도대체 그 뿌리 깊은 감정적 오류들은… 어디서 어떻게 왜 온 것입니까?

그러나 파도는
끊임없이 끊임없이 밀려오고 있구나!

21세기라고 합니다. 그 세기가 어느 정도냐면요, 날아가는 탄환을 총으로 쏴서 맞출 수 있을 정도의 세기라고 합니다. 참으로 대단하지 않습니까? 그러나 이렇게 어마어마한 세기임에도 불구하고 쓰나미 한 방으로 수십만 명이 죽기도 하지 않습니까? 이는 그 어떤 최첨단의 무기도 결코 자연을 이길 수 없다는 것을 보여준 예라 할 수 있을 것입니다. 하물며 수십 년 해안에 박힌 죽창 같은 쇠붙이와 지뢰들이 어찌 백령도의 저 푸른 바다를 이길 수 있겠습니까?

우리 인류에게 공존(共存)과 조화(調和)의 의식이 없다면 지구는 머잖아 공전을 멈출 것이며, 우주는 눈 하나 절대 깜짝하지 않을 것입니다.

그렇습니다. 사람 코가 제아무리 오만가지를 다 맡을 수 있다고 쳐도, TV 홈쇼핑에서 나오는 까나리액젓 냄새가 어떻게 제 대가리 속까지 진동할 수 있겠습니까?

이순신 장군님…
평안하신지요?

-광화문 동상도 조작?

광화문 이순신 장군 동상이 만들어진 시기기 1968년 4월이
라고 합니다. 이 시기는 잘 아시다시피 박정희라고 하는 사람이

군부 독재를 하고 있던 제3공화국 시대입니다.

여기서 잠시 주목해야 할 부분이 있다면 1968년 1월 21일에 북한 무장공비의 청와대 기습 사건이 있었다는 것입니다. 물론, 북한으로서 남한의 베트남 파병을 억제하기 위한 목적이었는지는 잘 모르겠습니다만, 암튼 이 사건을 계기로 3공은 향토 예비군을 창설하고 병사들의 복무 기한을 6개월 연장하기도 합니다.

남한 정부의 8년(1964~1973)간에 걸친, 32만여 명에 달하는 (날치기) 월남 파병은 미 제국의 (군사·경제) 원조 감소에 따른 원조경제의 악화와 공산 위협으로부터의 두려움 등등이 반영된 결과가 아니었겠는가 하고 대략 생각해 봅니다.

그런데 이 시기(1960년대) 미국은 베트남 전쟁으로 인해 달러 위기를 겪고 있었으며, 그 맥락의 한 여파로 '한일회담'의 타결 요구가 강력하게 대두하게 되었던 것입니다.

1962년 11월에 김종필 중앙정보부장이란 사람이 일본한테서 10년 동안 공짜로 3억 달러를 받기로 합의하는 등, 1963년에는 어업문제의 해결(독도?)에 합의했으며, 드디어는 1965년 6월에 '한일국교 정상화 조약(?)'이란 것이 만들어졌다고 합니다.

이렇게 '한일회담'이란 것은 국내의 거센 반발에도 불구하고, 미 제국의 적극적인 주도하에 이루어진 제3공화국과 일본과의 밀월이었던 것입니다.

박정희라는 사람에 대해서는 굳이 말씀드리지 않아도 잘 아시리라 생각합니다만, 한 가지만 말씀드리면 한때 일본군 장교로 활동했다고 합니다. 그리고 '5·16 군사정변'의 주역이었으며, '한일국교 정상화 조약'을 끌어내는 데 중대한 역할을 한 김종필이라고 하는 사람은 초대 중앙정보부장을 하는 등 아주아주 잘 나가다가, 1968년 반대세력에 의해 잠시 해외로 나갔다 돌아와 1971부터 75년 12월까지 국무총리를 지내기도 했던 인물입니다. 그리고 나서 드디어 1976년에 '한일의원연맹 회장'이라는, 참으로 뜻깊은 타이틀까지 가슴에 달기도 한 인물이었던 것입니다. (뭐 이뿐만이 아니지요. 김대중 대통령을 당선시키는 데 결정적인 역할을 한 사람이기도 하니, 참으로….)

광화문 이순신 장군님의 동상은 김세중이라고 하는 사람이 만들었다고 합니다. 뭐 하는 사람인지는 잘 모르겠습니다만, 인터넷을 찾아보니 1962년에 '국제조형 미술협회' 한국위원회 사무총장도 하고, 1968년까지는 국전 심사위원도 하고, 국립현대미술관장도 지내고, 심지어는 '은관문화훈장'까지 받았다고 합니다. 또한, 부인 되시는 분이 아주아주 유명한 시인이라고 하지요.

다 그런 것은 아니겠습니다만, 사실 이 시기에 대학교수라든지 하는 등등의 '장'들이라고 하는 사람들의 인맥이나 집안 내력 등을 따져보면, 아무래도 '근·현대사'의 억압과 고통의 한(恨)으로 몸부림치던 민중일 가능성은 작지 않을까 하고 생각해 봅니다.

물론, 이분의 '예술혼'에 대해 뭐라고 말할 수는 없습니다. 그러나 그 당시의 역사적 정황으로 보았을 때 광화문 사거리에 모셔질 이순신 장군님의 동상을 일개 한 조각가의 자유로운 영혼에 모든 것이 맡겨졌을 리 만무합니다. 무시무시한 독재권력이 어찌 이토록 예술에 관대할 수 있겠습니까?

'한일국교 정상화 조약'의 내용 중에 '문화재 및 문화협력에 관한 협정'이란 내용이 포함되어 있습니다. 일제가 강탈해간 우리 문화재는 돌려받지도 못하면서 일본과 무슨 놈의 '문화재 협정'이란 것을 할 수가 있단 말입니까? 일본강점기 문화말살정책에 의해 돌이킬 수 없는 우리 문화와 문화재가 얼마나 많습니까?

광화문 이순신 장군님의 동상은 일본 군국주의가 가장 두려워하는 대상 '이순신'을 문화적 식민지화하기 위해 체결한 협정에서 그 모티브가 발생했을 가능성이 매우 큽니다. 아니, 분명 그럴 것입니다. 세상에 '공짜'란 없으니까 말입니다.

물론, 이 외에도 여러 가지 의혹들이 제기되고 있습니다만, 적극적으로 이 의혹들을 풀려는 노력이 우리에게 있었을까 하고 저 자신부터 곰곰이 생각해 봅니다. 지금부터라도 학계와 언론을 비롯한 온 국민이 나서서 이 의혹들을 풀어야 하지 않겠습니까?

용접 좀 했다고
별생각 다하네

    어젠 온종일 용접을 했어요. 용접요. 녹여서 이어붙였죠, 쇠를요. 쇠는 너무 단단해서 풀이나 본드 같은 것으로 잘 붙지 않아요. 뜨거운 불로 확 지져서 그 성질을 아예 죽일 필요가 있어요. 그렇게 연해져야 비로소 하나가 되더라고요.

    그런데 용접에도 종류가 참 많은 거 같아요. 산소용접, CO2용접, 아르곤용접뿐만 아니라, 인터넷 찾아보니 플라스마용접, 전자빔용접, 심지어 원자수소 용접도 있다고 하네요. 암튼 어디에 요령껏 쓰는 것들인지는 잘 모르지만, 그 기본이야 다들 비슷하지 않을까 하고 생각돼요. 즉, 짧은 시간에 수천 도의 열을 발생시켜 단단한 물질을 한순간에 녹여버리는 것이죠. 한순간에요.

    이때 동시에 발생하는 것이 바로 빛이에요. 빛요. 번쩍번쩍하는 것이 번개 같기도 하고. 플래시 터지는 것 같기도 해요. 그런데요 이 빛요, 잘못 보면 아니, 아니죠. 제대로 보면 아주 큰일 나요. 아다리 걸린다고 하는데 어디서 온 말인지는 잘 모르겠습니다만,암튼 이렇게 제대로 아다리 걸리면 밤 내내 눈 속에 굵은 모래알이 굴러다니게 되어요. 그래서 시커먼 유리로 빛을 가리는 것이죠. 이렇고 보면 빛도 적당한 게 좋은 것인가 봐요. 일부러 태양을 뚫어지게 쳐다보지는 않잖아요.

가끔 용접할 때 빛을 피하지 못하는 경우가 있어요. 어제도 한두 번 그랬고요. 근데 문득 이런 느낌이 들더라고요. 마치 작은 핵폭탄 하나 터지기라도 한 듯한 느낌요. 물론, 당연히 과장 또는 비약이지요.

그나저나 도대체 용접은 왜 하는 걸까요…? 앞서 말씀드린 바와 같이 되도록 표 안 나게 잘 이어붙이기 위해서일 거예요. 되도록 표 안 나게요. 물론 저는 실력이 달려서 표가 빡 나지만, 함께 일하는 필리핀 친구는 아주 귀신 같죠. 그는 용접봉과 쇠의 간극을 일정하게 유지하는 고요가 존재하는 반면, 제 손끝엔 철없고 혼란한 영혼이 마구 요동치고 있기 때문이에요.

그래서 이런 말씀드리는 게 좀 우습기도 하고 그래요. 예컨대, '수학은 근본적 오류를 감추기 위한 인간의 피나는 노력이다'라든지 하는 것이요.

수(數)는 세는 단위에요. 하나, 둘, 셋, 넷… 또는 1, 2, 3, 4…

하고요. 그저 셀 뿐이죠. 그저 셀 뿐이기 때문에 어떤 대상에 대응시킨다는 것 자체가 오류예요. 수는 세는 단위이기 때문에 각각의 거리가 완벽하게 똑같아요. 그래서 완전한 직선상에서만 존재할 수 있는 개념이라는 것이죠. 그러나 공간 속에선 그 어떤 대상도 똑같은 상태로 존재할 수 없어요. 그래서 '한 명(1) + 한 명(1) = 두 명(2)'이라고 수학이 표현할 때, 각각의 사람이 전혀 다른 존재이기 때문에 똑같은 수(1)로 각각의 대상을 대응시켜 둘(2)이라고 표현한다는 것 자체가 오류라는 거예요.

따라서 수로 입체 또는 변화를 설명하는 데에는 당연히 한계가 따를 수밖에 없는 것이죠. 그것이 자연수가 정수로 소수로 유리수 무리수 삼각함수 등으로 나아가 극한과 미적분 등으로 끊임없이 파생될 수밖에 없었던 거라고 말씀드릴 수 있을 거예요. 파이 잘 아시죠? 3.141952… 하는 원주율요. 뭐 어떤 슈퍼컴퓨터는 수백 자리까지 계산했다고 하는데, 애 많이 쓰지요. 결정될 수 없는 값이란 사실을 알면 몇 달간 확 삐질지도 몰라요.

암튼 아무리 좋은 컴퓨터를 이용해 정확하게 계산을 해서 설계도를 그려도, 그것을 삼차원 안에 그대로 표현하기란 사실 불가능해요. 도저히 메꿀 수 없는 틈 오차가 발생할 수밖에 없기 때문이지요. 그 틈을 되도록 표 안 나게 말끔히 이어붙이기 위해 수천 도의 열과 압력, 그리고 까딱 잘못하면 제대로 아다리 걸리는 빛을 저와 필리핀 친구는 내일도 열나게 터트려야 하죠. 수의

재단이 만들어 낸 오차, 그 틈을 얼마나 잘 감추느냐의 차이가 바로 저와 필리핀 친구의 기술적 차이라고 할 수 있겠죠.

1mm의 오차, 아니 이보다 훨씬 작은 오차라도 오차는 오차고, 틈은 틈이죠. 이 수학적 결합의 불가능성을 화학적으로 가능하게 하는 방식 중의 하나가 바로 용접이라고 할 수 있을 거예요.

그런데요, 이 1mm의 오차 이거 아주아주 작은 오차일 수도 있고, 때론 도저히 극복할 수 없는 어마어마한 오차일 수도 있더라고요. 즉, 그때그때 달라요라는 것인데요, 예를 들면 나사(볼트)의 종류에도 수백 수천 가지가 있는데, 그중에 끝부분에 홈이 나 있어 머리 부분보다 끝부분이 얇은 직결나사 또는 끝부분이 드릴처럼 생겨 아예 철판을 뚫을 수 있는 철판 비스와 같은 경우에는 결합해야 하는 두 개의 구멍(홀)이 서로 잘 맞지 않아도 구멍이 조금만 보이기만 하면 힘을 가해, 억지로라도 우겨 맞출 수가 있어요. 물론, 이런 나사들은 한 번 고정하면 거의 풀 필요가 없는 결합에 주로 쓰이는 나사지요. 하지만 수시로 풀었다 조이기를 반복해야 하는 나사 같은 경우에는 홀과 홀이 정확하게 맞지 않으면 잘 박아넣을 수가 없어요. 이때가 짜증이 제일 많이 나는 때예요. 힘도 무지 들고요. 맘 같아선 그냥 철판 비스로 콱 쑤셔 박고 싶은데, 그러면 담에 AS 하기가 아주 힘들어져요. 잘못하면 제품 자체를 망가뜨릴 수도 있고요. 이처럼 같은 1mm의 오차라도 볼트의 종류에 따라 극복할 수 있는 정도가 아주아주

다를 수 있다는 것이죠.

용접이 수학적 결합의 불가능성을 화학적으로 가능하게 하는 방식이라면, 볼트는 그 불가능성을 물리적으로 가능하게 해 주는 방식이라고 할 수 있을 거예요. 따라서 수학이 아무리 뛰어나고 매력적이라고 해도 원죄와 같은 오류를 품고 있는 한 용접봉과 볼트의 노하우가 없다면 결코 세상에 형상화될 수 없을 거예요.

수학의 굴욕? 아, 아니에요. 수학을 무시하려는 의도는 아니고요, 무시할 수도 없고요. 그저 수학이란 것도 완전한 것은 아니다, 따라서 불완전한 측면도 존재하는 것 아니냐(?) 하는 정도로 생각해 볼 뿐이에요